Enzo Barillà

I MILLE VOLTI
DI
NETTUNO

Dedico questo libro ai tanti nettuniani che non sanno di esserlo, con l'augurio che possa aiutarli a ritrovare la loro essenza, e a navigare sicuri verso l'individuazione.

I collaboratori più stretti di Jung raccontano che il maestro zurighese amava ripetere l'esortazione evangelica di diventare come i bambini per entrare nel regno dei cieli; Jung non esitava però a fare una precisazione in riferimento alle parole di Gesù (come aveva già fatto nelle prestigiose *Terry Lectures* presso la Yale University nel 1937), sottolineando che il testo biblico (Marco *10:15)* ci incoraggia non a *rimanere infantili* bensì a *ritrovare* la semplicità, la purezza, l'umiltà e il candore dei piccoli. La differenza tra il semplice infantilismo e il riconquistato senso della meraviglia e la capacità di lasciarsi sorreggere e condurre da una forza superiore che caratterizzano i bambini è di fondamentale importanza. Quest'ultimo presuppone la presenza di una coscienza egoica in grado di fare delle differenziazioni, di discernere ma anche di ristabilire un contatto vivo e sentito con il mistero della totalità dentro e intorno ognuno di noi.

Marie-Louise von Franz osservò una volta che un bambino esce dal suo mondo completamente indifferenziato spezzando una totalità potenziale e vivendo una sorta di *dissociazione* per entrare nella vita: sacrifica una parte della realtà delle infinite possibilità per realizzare e sviluppare alcuni aspetti della sua personalità nascente, lasciandone altri in ombra. L'*Io* stesso nasce e si sviluppa grazie al graduale riconoscimento della distinzione tra se stesso e ciò che è altro da sé. Quell'altro da sé, che può sembrare nemico, antagonista, ostacolo e a volte stimolo, è destinato però a diventare oggetto del desiderio per poter ritrovare la totalità abbandonata. E l'*Io* che doveva consolidarsi per essere stabile e affidabile, deve, ad un certo punto della vita, ridimensionarsi radicalmente fino a cedere il proprio senso di centralità ad un'altra istanza psichica.

Questo processo di differenziazione, per quanto sia necessario e fondamentale, crea per l'essere umano ciò che resterà per tutta la sua vita, *il problema* della sua esistenza terrena: una parzialità accompagnata dalla sensazione di essere tagliato fuori, di essere separato dalla base, dalla matrice di tutto ciò che esiste. Rimaniamo malati di una sorta di *nostalgia delle origini,* del desiderio di ritrovare un contenimento nella totalità materna e di provare un senso di partecipazione in tutto ciò che è *vita* dentro e intorno a noi. Meister Eckhart arriva persino a chiedere a Dio di *liberarlo da Dio* perché un uomo che guarda Dio come una realtà diversa da sé è scisso e fuori dalla totalità che il mistico cerca.

Questo bel libro di Enzo Barillà su *Nettuno* affronta ripetutamente la questione di ciò che l'antropologo Levy-Bruhl chiamava *participation mystique*. In seguito l'inventore del termine e studiosi di culture "primitive" in generale hanno abbandonato questa descrizione di uno stato in cui una sorta di continuità e di immersione nel mondo del collettivo e della natura è più forte del senso d'identità individuale. Jung, che aveva preso in prestito questo termine da Levy-Bruhl e che vedeva in questa descrizione di un aspetto dell'esistenza la base della visione alchemica dell' *unus mundus*, rimase deluso da questo spostamento teorico da parte della comunità antropologica. Con chiarezza e precisione, Jung ammette che si tratta di una vera e propria arma a doppio taglio: la *participation mystique* è alla base di tutte le forme più becere di psicologia di massa, di alcuni stati psicotici e persino di ciò che non esita chiamare *epidemie psichiche*, ma è allo stesso tempo la forza che crea un vero legame con l'umanità in generale e con la natura che ci circonda e di cui facciamo parte. L'ago della bilancia è la coscienza egoica, con le sue categorie di giudizio, la sua sensibilità e la sua capacità di entrare in relazione con ciò che incontra.

Nel 1934, dopo aver esaminato attentamente Lucia, figlia del famoso scrittore irlandese James Joyce, e dopo aver condotto un breve periodo di analisi personale con Joyce stesso, Jung gli avrebbe spiegato che mentre lui, Joyce lo scrittore, era capace di restare a galla nelle acque dell'inconscio e persino di lasciarsi muovere da esse con destrezza, sua figlia, malata di schizofrenia, stava affogando nelle onde di quelle stesse acque. La forte attivazione dell'inconscio che portava Joyce a scrivere brani brillanti ma, a volte, ai limiti della ragionevolezza (e Jung ipotizza la presenza di una psicosi latente in Joyce, rappresentata nell'immaginario dello scrittore dalla figura di sua figlia-*Anima)*, si dimostrava nella psiche della figlia una forza disgregante che la lasciava totalmente in balia dei flussi dell'inconscio, una fragilissima barca alla mercé delle onde senza che ci fosse una coscienza riflessiva sufficientemente solida a tendere le vele. La *participation mystique* che produsse lo *stream of consciousness* (o meglio, flusso dell'inconscio) nello stile artistico del padre, sembra aver prodotto confusione, violenza e dissociazione in sua figlia che, lungi dal raggiungere la notorietà che sperava di ottenere come danzatrice, morì in clinica psichiatrica.

Il dilemma sembrerebbe irrisolvibile: o ci identifichiamo con l'*Io* forte, stabile e differenziato, allontanandoci dalla completezza del bambino, del "primitivo" e del mistico, o abbracciamo una sorta di *participation mystique* con il rischio di scivolare in uno stato di completa indifferenziazione, in preda a moti collettivi emergenti sia dal conscio collettivo che dal mondo degli archetipi o dall'inconscio collettivo. I grandi mistici hanno affrontato lo stesso problema e una riflessione sulle loro esperienze ci aiuterebbe a capire meglio la distinzione fra un vero stato mistico con il senso di immersione in una totalità che questo comporta, e la pazzia di chi si lascia portare avanti e indietro dalle correnti collettive, in preda ai venti psicotici. Il contatto diretto, senza mediazione di nessun tipo, con la divinità o con la totalità, non isola il mistico; a differenza di ciò che succede in alcuni stati psicotici in cui l'individuo si chiude in sé e resta isolato, il mistico vive un forte contatto con tutte le persone e con la natura. La sua immersione nella totalità e caratterizzata da una grande fluidità e una notevole dinamicità.

Jung propone una possibile soluzione a questo dilemma; ovviamente non suggerisce l'abbandono dell'*Io* che lascerebbe la personalità senza un agente nel mondo ma anche senza un valido intermediario nei confronti dell'inconscio. Ma non propone nemmeno una semplice identificazione con la coscienza egoica, forte, stabile e eroica come la conosciamo noi. La strada indicata da Jung e che caratterizza tutta la sua psicologia si snoda diversamente e porta ad un'altra soluzione, evitando le false alternative di abbandono da una parte, e di identificazione dall'altra. Jung propone la *trasformazione della coscienza egoica,* un graduale ammorbidimento dell'*Io* fino a diventare sempre più permeabile, più dialogico, più disponibile a farsi modificare dall'inconscio pur mantenendo le sue qualità di riflessività e di discernimento. Non sarà più l'*Io* a decidere unilateralmente, a considerarsi investito del ruolo di autorità, giudice, o padrone della vita psichica. Ciò che propone Jung è un *Io impegnato* in un dialogo, a volte in una lotta, ma un *Io* consapevole di essere *un fattore* della vita psichica e non *la* vita psichica *tout court*.

Ciò che ci offre Jung non è una mera teoria astratta; propone metodi e sistemi per raggiungere questo risultato: il lavoro sui nostri sogni e la pratica dell'*immaginazione attiva* che favoriscono il dialogo continuo con l'inconscio e che, a lungo andare, creano un nuovo atteggiamento e una riorganizzazione delle forze della psiche. Enzo Barillà cita lo stesso Jung che, nelle parole di Aniela Jaffè, avrebbe detto che dopo tutto il lavoro fatto per essere sempre più consapevoli di ciò che succede dentro e intorno a noi, il nostro compito ora è di diventare decentemente e responsabilmente *inconsci*. Ritrovare la spontaneità e l'immediatezza della natura stessa dentro di noi, seguire i flussi di energia che emergono dall'inconscio per trasportarci verso o via da alcuni aspetti dell'esistenza, sentire di fare parte del grande mistero dell'esistenza e di essere contenuti da forze infinitamente più grandi di noi che desiderano e a volte esigono un rapporto vivo e impegnato da parte della coscienza egoica.

Come qualsiasi disciplina che propone categorie per leggere e interpretare il carattere delle persone, l'astrologia rischia di scivolare in una forma di determinismo e di fare una violenza sulle differenze individuali che vanno ben oltre le categorie di qualsiasi tipologia. Nella sua attenta analisi del *carattere nettuniano*, Enzo Barillà evita questo rischio grazie alla sua vasta cultura umanistica, alla sua sensibilità psicologica e alla consapevolezza che alla fine ciò che conta più di qualsiasi altra cosa è il tipo di relazione che la coscienza riflessiva riesce a stabilire con i tanti fattori che potrebbero essere raggruppati e definiti semplicemente come *destino*. L'autore di questo lavoro ci propone non una rigida classificazione di personalità in base a dei dati astrologici ma piuttosto la visione di una serie di predisposizioni che, in base al ruolo di discernimento svolto o non svolto dalla coscienza, possono dare determinati risultati. Il libro è prezioso per i suoi contenuti ma anche per la metodologia impiegata dall'autore che mette bene in evidenza l'intreccio tra ciò che ci è *dato* e la nostra consapevole interazione con tali elementi.

Robert Mercurio

I MILLE VOLTI DI NETTUNO

… e 'l naufragar m'è dolce in questo mar.
(Giacomo Leopardi)

INTRODUZIONE

Un altro libro sul Nettuno astrologico può a prima vista sembrare un proposito presuntuoso, in considerazione della copiosa letteratura disponibile sull'argomento. Effettivamente, numerosi sono gli studiosi che con perizia si sono già adoperati a investigare il simbolo – se è vero che l'astrologia è un linguaggio simbolico – e quindi il potenziale acquirente si pone la domanda di quale siano gli elementi di novità che possano giustificare la spesa per l'acquisto e il tempo da dedicare alla lettura di questa piccola opera. Fermo restando che ciascun archetipo è per sua natura inesauribile – nella sua capacità di emozionare, ispirare, suscitare fantasie, facilitare collegamenti con le energie giacenti nell'inconscio, e dunque intervenire nelle vicende umane – l'archetipo nettuniano forse è, più di altri, inafferrabile, proteiforme, sorprendente, stupefacente. Una nuova pubblicazione può dunque anche essere vista come un altro mattone che va ad aggiungersi nell'interminabile edificazione del tempio di Urania.

Ritengo però di essere in grado di rispondere portando alcuni argomenti specifici a sostegno.

In primo luogo, il taglio del lavoro, che si basa sull'approfondimento del concetto di *participation mystique*, come esposto da C. G. Jung ed Erich Neumann. Quest'ultimo Autore, considerato il più fecondo allievo del Maestro svizzero, non è ancora adeguatamente conosciuto in Italia, essendo tuttora mancanti numerose traduzioni nella nostra lingua della sua vasta opera. Propongo quindi considerazioni e pensieri di Neumann a chi non ne ha potuto avere accesso per via della mancata conoscenza della lingua tedesca.

In secondo luogo, pur essendo un libro agile per le sue ridotte dimensioni, esso ambisce a esporre una consistente casistica che coinvolge le più diverse categorie sociali.

In terzo e ultimo luogo, è corredato da un utile elenco di 298 nominativi classificati come "nettuniani" o il cui cielo natale è comunque fortemente segnato da Nettuno.

Come tutti i libri che sono frutto di una ricerca, anche questo scaturisce dall'intervento di più persone, che in un modo o nell'altro hanno contribuito a farlo nascere. Pertanto ringrazio mia moglie Lioba che, seguendo passo per passo la formazione del libro, è stata di grande aiuto nel reperimento e nella traduzione di testi di autori di lingua tedesca, per lo più sconosciuti al pubblico italiano. Mi ha inoltre segnalato i nominativi dei profumieri e ha collaborato nella ricerca delle notizie biografiche dei musicisti, all'occorrenza reperendo i testi nelle biblioteche e segnalandomi i passaggi utili alla stesura dei miei commenti. Tamara Bonezzi, oltre a darmi utili suggerimenti di vario genere, si è sobbarcata il compito di leggere più volte il manoscritto e correggere le bozze. Grazia Bordoni e Paolo Quagliarella hanno generosamente messo a disposizione il poderoso Archivio Bordoni e si sono offerti di elaborarne dati a seconda delle mie necessità. A tutti rinnovo il mio sentito ringraziamento.

L'ACQUA DI NETTUNO

Nettuno sta attualmente transitando nel suo domicilio zodiacale dei Pesci, dove si tratterrà fino al gennaio del 2026, dopo esserne uscito brevemente nel 2025 per fare fugacemente capolino nell'Ariete. Occorrerà aspettare il 2175 affinché ritorni nel suo segno d'appartenenza. Queste date ci fanno capire l'eccezionalità, sotto il profilo astrologico, del momento storico che stiamo vivendo.

Il pianeta fu avvistato il 23 settembre 1846 dall'astronomo tedesco Johann Gottfried Galle (Radis, 9 giugno 1812 alle ore 13:00. Il suo cielo natale evidenzia Sole e Luna in opposizione a Nettuno) su calcoli forniti da Urbain Le Verrier (St. Lô, 11 marzo 1811 alle ore 10:00, un Pesci con Nettuno angolare al Discendente). È singolare che sia stato scoperto da due astronomi "nettuniani". L'astro viaggiava in moto retrogrado a circa 26° in Acquario. Abbiamo quindi alle spalle 169 anni di osservazioni su un giro completo del cerchio zodiacale, eseguite da una moltitudine di astrologi e di studiosi, che ci aiutano a entrare, per quanto possibile, nel simbolismo nettuniano. Un simbolismo particolarmente complesso e non facile da decifrare[1], assimilabile all'inesauribile vastità dell'inconscio collettivo. André Barbault lo classifica, insieme alla Luna, tra i pianeti appartenenti all'elemento Acqua[2], ed è l'acqua oceanica l'ambiente naturale e il dominio attribuito al dio greco e romano.

---

[1] "Neptune is probably the most difficult planetary energy to understand" (Probabilmente, Nettuno è l'energia planetaria più difficile da capire). Robert Hand, *Horoscope symbols*, Whitford Press, West Chester, Pennsylvania, 1981, p. 75.

[2] *L'univers astrologique des quatre éléments*, Éditions Traditionnelles, Paris, 1992, p. 72.

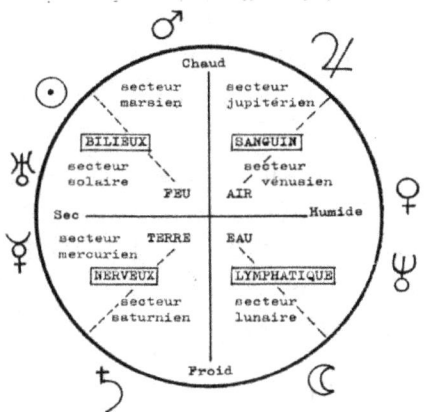

Una psicoanalista propone un'interessante e suggestiva considerazione:

«L'acqua delle fonti, dei laghi e delle paludi, l'acqua del mare profondo e dell'oceano, è una metafora che l'inconscio impiega assai di frequente per descrivere sé stesso nel simbolismo alchimistico e più ancora nei sogni, in cui il tema dell'acqua torna di continuo, e in cui qualità positive di fecondità, d'inesauribile ricchezza creatrice, di matrice originaria gravida di divenire si associano a qualità negative come la forza schiacciante delle onde della tempesta, che minacciano di sommergere, quasi in un maremoto, l'isola fragile dell'Io; e in cui appaiono anche tratti ambivalenti, dove i mondi acquatici appaiono marcati dal paradosso e dal mistero, mondi ombrosi nei quali la luce si diffrange e le forme si confondono nell'indifferenziazione della realtà psichica preconscia.[3]»

C. G. Jung aveva già associato l'acqua all'inconscio nel suo fondamentale *Trasformazioni e simboli della libido* (1911) che trovò la sua definitiva formulazione nel 1950 sotto il titolo *Simboli della trasformazione*. Scrive Jung: "Nei sogni e nelle fantasie il mare, o una qualsiasi vasta distesa d'acqua, significa l'inconscio.[4]" E nel successivo *Psicologia e alchimia* (1944): "Il mare è il simbolo dell'inconscio collettivo. Perché sotto una superficie splendente cela

---

[3] Marie Laure Colonna, introduzione a Emma Jung, *Animus e Anima*, Universale Bollati Boringhieri, Torino, 2003, p. 25.

[4] C. G. Jung, *Simboli della trasformazione*, Opere, Vol. V, Boringhieri, Torino, 1970, p. 219.

profondità impensate.[5]" È un riferimento che si trova molte volte nella sua vasta opera.

Marie-Louise von Franz da parte sua ci aiuta ad approfondire l'inesauribile simbolismo dell'acqua, ricordandone le proprietà purificative. Scrive von Franz: "In base alle antiche interpretazioni, anche il battesimo cristiano era concepito come purificazione e separazione dal peccato e come cacciata degli spiriti del male. Si rileva un legame con l'idea di rinnovamento ... Si può trovare la stessa implicazione nella maggior parte dei bagni rituali, insieme all'idea della rinascita mediante l'acqua.[6]" La medesima idea di risanamento, accompagnata da una forte coloritura mistica, è tutt'oggi presente a Lourdes, dove nell'arco di 150 anni si sono verificate numerosissime guarigioni inspiegabili agli occhi della scienza medica, di cui 67 riconosciute come miracolose dalla Chiesa cattolica.[7] "L'acqua di vita è sempre stata usata come metafora per ogni tipo di esperienza mistica" scrive von Franz[8].

L'incontro avvenuto nella Gemäldegalerie di Berlino con un dipinto del 1546 di Lucas Cranach il Vecchio, intitolato *La fontana della giovinezza*, parecchi anni fa aveva suscitato il mio interesse, al punto da acquistarne una riproduzione, ora incorniciata e facente bella mostra di sé nel mio appartamento.

---

[5] C. G. Jung, *Psicologia e alchimia*, Boringhieri, Torino, 1981, p. 56.

[6] Marie-Louise von Franz, *Le fiabe del lieto fine*, Red, Como, 1987, p. 31.

[7] Intervista a Sandro De Franciscis, presidente del Bureau médical di Lourdes, apparsa su Corriere del Mezzogiorno, cronaca di Caserta del 4/8/2012.

[8] Marie-Louise von Franz, *L'individuazione nella fiaba*, Boringhieri, Torino, 1987, p. 44.

Come si può vedere, numerose vecchie, alcune addirittura incapaci di camminare, vengono trasportate alla piscina dove subiscono una metamorfosi di ringiovanimento. Escono dall'acqua e si danno immediatamente ai piaceri dell'amore e della buona tavola. Secondo Jung, "La fonte denota non solo il flusso della vita, ma anche il suo calore, il suo ardore, il segreto della passione...[9]"

---

[9] C. G. Jung, *Psicologia e alchimia*, Boringhieri, Torino, 1981, p. 128.

NETTUNO NELLA LETTERATURA ASTROLOGICA

È interessante rilevare come autori di varie scuole e nazionalità in genere concordino nelle loro affermazioni riguardanti la sostanziale natura e gli effetti dell'astro nel quadro interpretativo della carta del cielo natale, salvo differenziarsi per dettagli, probabilmente colti in virtù della propria sintonia con l'archetipo e della propria personale esperienza di vita. Non è questa la sede per commentare le analisi dei vari astrologi, analisi che risentono, com'è naturale, dell'epoca e del clima culturale durante il quale furono formulate.

Oscar A. H. Schmitz:

«Nettuno ci conduce fuori dalle cose di questo mondo, e questa strada può essere percorsa, senza essere punito, solo da chi è in grado di mettere ordine e di controllare le cose terrene. Diversamente, è diserzione. Accanto all'autentico mistico, Nettuno è preposto a tutte le meschine modalità di fuga dalla realtà, soprattutto all'ebbrezza di ogni genere, tramite l'alcol, i narcotici, le visioni, le illusioni. Privilegia l'imbroglio e la frode. Gli imbroglioni nettuniani sono – al contrario del mercuriano astrologico, che fa i conti con la realtà – sempre visionari e suscitano anche negli accorti borghesi facili dubbi riguardo la loro capacità d'intendere e di volere, mentre riescono spesso a incantare e a irretire del tutto le persone dallo scarso senso critico. Hanno sempre paroloni in bocca, si dichiarano idealisti, discepoli del bello, persone elevate di nobile natura e simili. Sebbene in sé non siano violenti, credono nella rivoluzione, poiché sono incorreggibili utopisti che non vedono mai ciò che è, ma ciò che secondo loro dovrebbe essere. Perciò trascurano completamente l'evidenza, soprattutto la loro vita privata, che per lo più scorre in un incomprensibile disordine e insicurezza. Ma, nell'intimo, sono buoni e gentili. Li si trova molto frequentemente tra i riformatori e gli amanti dell'arte, come pure tra i meno innocui rivoluzionari in campo sociale. Le loro scorrettezze, addirittura i loro imbrogli nelle questioni riguardanti il denaro e la proprietà si spiegano con il fatto

14

che in realtà manca loro il senso del mio e del tuo, facendolo passare per un generale senso di fratellanza. Ma i migliori tra loro non sono in alcun modo avidi o maliziosi. Sono tanto disinvolti nel disporre dei beni degli altri, quanto dei propri. Spesso nei loro errori si riconosce lo sviamento dei loro pregi. Il loro distacco interiore rispetto al possesso è certamente uno stadio superiore di sviluppo, ma praticarlo all'esterno come se non esistesse la proprietà è un profondo malinteso del senso del mondo. Non c'è nulla che ostacola maggiormente lo sviluppo interiore come quello di distruggere continuamente per mezzo di pretese assolute le regole del gioco in vigore, libere pur se relative, di un mondo in cui abbiamo un ruolo da adempiere. Non si deve essere più papisti del papa o più spirituali di Dio. Dovunque esista la proprietà privata, il furto è un'offesa, o quanto meno un errore. Dove non esiste, accumulare nascostamente sarebbe un'appropriazione indebita, come fecero Anania e Saffira (negli Atti degli Apostoli) nell'ambito di una cerchia di persone in buona fede, che liberamente mettevano in comune ciò che avevano. Quanto sia attaccata alla proprietà l'anima di una singola persona è precisamente un'altra questione assai essenziale, come la cosiddetta equa suddivisione della proprietà in senso sociale. Una persona fortemente segnata da Nettuno, a cui Giove non comunichi ciò che è giusto e ciò che è ingiusto, o che un serio Saturno mantenga con i piedi per terra, può arrivare alla chiaroveggenza e altri giochetti, ma mai a un autentico ed elevato grado di sviluppo, che gli sfugge. Tutt'al più lancia uno sguardo nell'al di là attraverso il buco della serratura, ma è un guadagno solo se non avviene a spese della sua umanità. Ciò non deve essere fatto con un salto, ma deve essere "vissuto" liberamente e in altro senso, quale viene abitualmente attribuito a quella parola. Se ci si inoltra prematuramente nel regno del mistero, il prezzo da pagare sarà sempre l'isteria e la nevrosi, mentre la vera, graduale acquisizione della conoscenza lo rendono sano, mostrando alla persona il luogo interiore in cui essa può essere completamente se stessa, indipendentemente dalle circostanze esterne. Ma nella misura in cui si è capaci di inserirsi nell'armonia del cosmo – poiché Nettuno conferisce a ciascuno un suo posto appropriato – le conseguenze sono risanamento e fortuna. Tuttavia i nettuniani imputano a una ipersensibilità malsana la loro capacità di "vedere oltre", come ben volentieri la chiamano. Nell'ambito del quotidiano essi sono facilmente respinti e respingono, timorosi, elusivi, camaleontici. Nessun altro più di loro è soggetto all'autoinganno sia per quanto concerne le proprie caratteristiche che quelle altrui. Senza rendersene ben conto, sono soggetti a tutti i tipi di slogan devianti, di visioni di strane avventure, imboscate, segreti, complotti, logge massoniche, sregolatezze, scandali e crimini. Tutte queste cose appaiono loro sotto una luce "astrale". Queste visioni non sono semplicemente da considerare immaginazioni, come fa l'odierna psichiatria. Infatti vedono cose di cui parlano anche autentici mistici o alcuni artisti. Il guaio è che sono incapaci di distinguere i livelli della percezione interiore, e nemmeno le esperienze di piani diversi, come invece è capace l'artista che diventa padrone delle sue visioni, dando loro forma, oppure come il mistico che, dopo aver abbandonato la visione e rinforzato da una più profonda conoscenza, ritorna nella sua vita umana e continua a viverla in tutta umiltà. Ciò che i medici chiamano allucinazione è altrettanto reale di una percezione sensoriale, tuttavia in una cosa i medici avranno sempre ragione: un'allucinazione, di qualsiasi tipo essa sia, non è una percezione sensoriale e chi non è in grado di distinguere queste due situazioni è malato. La vita dei nettuniani sembra di fatto dominata da demoni: forti stati angosciosi in seguito a cause invisibili, molti cambiamenti, perdite e guadagni insperati, intrighi e maldicenze di natura incredibile che talvolta sono suscitate da loro o che talvolta devono invece subire, bigamia e doppia vita. ... A volte il loro destino è quello di una morte misteriosa, di una scomparsa, o essere dichiarati dispersi. Nell'oroscopo di una persona molto evoluta in cui il carattere e l'intelligenza costituiscono una protezione nei confronti dei pericoli di stampo nettuniano, il pianeta diventa la chiave delle conoscenze ultime, sebbene non sia tanto importante se i suoi aspetti siano favorevoli e sfavorevoli. Ogni aspetto dà delle possibilità: quello favorevole non protegge contro i pericoli dell'astro se l'oroscopo non ha da offrire altre protezioni; quello sfavorevole viene percepito molto fortemente, ma altrettanto valorizzato interiormente, semmai esista la possibilità di ricevere una benedizione da Nettuno. Questo strano fatto si spiega considerando che Nettuno può essere soltanto benefico a un livello di sviluppo in cui il tipo degli aspetti (anche con altri pianeti) diventa secondario rispetto alla sostanza della loro essenza vissuta più profondamente. ... Per ogni autentico artista e vero illuminato, Nettuno costituisce la guida che lo conduce fuori dall'umano. Dona la più profonda e più chiaroveggente ispirazione e intuizione; al musicista fa percepire suoni originari (come alcuni motivi che parlano il linguaggio degli dèi in Wagner: Walhalla, Le figlie del Reno, Erda, Loge). Al poeta e al mistico egli mostra gli archetipi delle cose (le idee platoniche). Significa l'apice della fantasia creativa quando viene capito, e una vertigine abissale quando non viene capito.[10]»

Oswald Wirth:

«Nettuno è così distante che il suo influsso non potrebbe essere altro che sottile, analogo a quello delle onde impercettibili. I nettuniani sono appena terrestri, come Beatrice che inizia Dante ai misteri soprasensibili. L'estasi mistica, l'uscita dal corpo, la bilocazione, la telepatia, la suggestione e l'avvelenamento magico rientrano nella sfera di Nettuno. I Caldei avrebbero potuto riconoscere *Ea,* la signora delle acque celesti, nel genio di Nettuno. Tali acque sono il veicolo della suprema Saggezza, s'infiltrano misteriosamente negli spiriti per far loro indovinare i divini segreti.[11]»

Charles E. O. Carter:

«Si può concedere senza pericolo che Nettuno sia collegato con varie forme di occultismo, ivi inclusa l'astrologia. In secondo luogo, che è collegato alle arti, in specie alla musica e alla pittura, e al teatro. In terzo luogo, che abbia un'affinità con l'amore per i derelitti e gli sfruttati e forse per la maggior parte degli animali. In quarto luogo, che vi sia un rapporto con il mare e questioni marittime. ... C'è una certa proteiforme mutevolezza e inafferrabilità che lo rendono il fattore astrologico più difficile da spiegare esaurientemente. L'idea di base pare sfuggire a qualsiasi determinazione. ... Sotto il profilo dell'interiorità, è il significatore

[10] Oscar A. H. Schmitz, *Der Geist der Astrologie*, Georg Müller, München, 1922, p. 277 e seg.
[11] Oswald Wirth, *Le symbolisme astrologique*, Dervy-Livres, Paris, 1973 (edizione originale del 1937), p. 38. Questo Autore (Brienz, Cantone di Berna, 5 agosto 1860 alle 9:00) è stato un notevole esoterista. Il suo cielo natale evidenzia una dominante nettuniana, con Luna congiunta a Nettuno, entrambi in Pesci. Nettuno congiunto al Discendente.

di varie forme di ipersensibilità: è delicato. Può infliggere forte disagio, timidezza e panico di scena. Ha poca fiducia di sé, e il fisico è raramente robusto, benché non necessariamente malaticcio. ... Nello stesso modo in cui il reziario lanciava nell'arena la sua rete che intralciava e sconcertava, altrettanto Nettuno irretisce mediante complicazioni e incertezze sulla sua vittima. È la chimera, e la foschia di montagna. ... La sua manifestazione ordinata sarà indubbiamente, nella maggior parte dei casi, in campo artistico. È inoltre nettamente affine agli studi in campo chimico. Vi sono inoltre possibilità nel settore infermieristico, investigativo, nell'assistenza sociale e nella cura degli animali. Il mare e il commercio degli alcolici per i meno dotati intellettualmente. ... Tende a suscitare illusioni e a distruggere il senso della realtà. Offusca la chiarezza percettiva, annebbiando i fatti. È affine con il cosiddetto "inconscio", e crea fantasie ignorate dal sognatore. Può essere visionario e idealistico al di là di qualsiasi altro pianeta, tuttavia solo lo studio della genitura nel suo insieme può determinare se le visioni possano essere razionali oppure semplici immagini fantasiose.[12]»

Constant Kerneïz:

«Segnala tutto ciò che è anormale, sia nei costumi, sia nell'uso delle droghe e di stupefacenti e mi è capitato di riunire una collezione di temi di oppiomani molto significativa al riguardo. Disposto diversamente, l'anormale si trasferisce nel dominio psichico e abbiamo allora la chiaroveggenza, la medianità, ecc., tutta la gamma dei fenomeni metapsichici. A Nettuno, se è benefico, o predominante per posizione e aspetto, dobbiamo i poeti, gli artisti e i letterati che ha influenzato: la lista sarebbe lunga...[13]»

---

[12] Charles E. O. Carter, *The foundations of astrology*, Theosophical Publishing House, London, 1947, p. 44, 45, 46.
[13] Constant Kerneïz, *Il vero volto dell'astrologia*, Casini, Roma, 1956, p. 245, 246 (edizione originale del 1947).

Erich Carl Kühr:

«Poiché esso assorbe più della persona ordinariamente dotata, i suoi pensieri e rappresentazioni hanno un carattere insolito e in casi particolari anche inquietante. In positivo, è molto predisposto alla vera mistica, religione, psicologia, alle universali visioni del mondo basate sul sentimento, e via di seguito; può essere straordinariamente creativo in questi ambiti per mezzo dell'intuizione. Se si esprime negativamente, allora predomina il misticismo, la tendenza all'occultismo superstizioso, all'idealismo ingenuo, alla sfrenata immaginazione di cose irreali, all'inganno e all'autoinganno tramite le illusioni, e così via. La fantasia creativa può portare a grandi risultati spirituali, ma può anche degenerare e trasformarsi in assoluta confusione, stravaganza, finzione patologica e nebulosa mancanza di chiarezza. A Nettuno corrispondono anche pensieri e concetti di tipo rivoluzionario, però nella forma passiva di un buonismo fantastico e utopico, non nella forma attiva di Marte. La passività di Nettuno lo porta su tutte quelle sfere spirituali che difficilmente danno risultati concreti, poiché non è un lavoratore sistematico e perseverante, ma dipende dalle sue ispirazioni. ... Anche la condotta personale è determinata dalla passività e dall'accresciuta suggestionabilità. In buon aspetto è morbido, gentile, cordiale, altruista, oblativo, eterico; ma in cattivo aspetto la morbidezza e gentilezza portano a un'insufficiente delimitazione dell'ambiente e di conseguenza alla sconfinata ricettività di ogni influsso ambientale in senso deleterio o più che deleterio, a essere trascinati per abbandonarsi a qualsiasi vizio e crimine, a qualsiasi asservimento dovuto a debolezza di carattere, imbrogli, ruberie, millanterie, raffinati inganni, intriganti raggiri, tradimenti e completa disonestà, tuttavia senza consapevolezza del carattere criminale dei loro effetti. L'ingannare gli altri in ultima analisi si fonda sempre sull'autoinganno e pertanto può anche essere portato a termine fino in fondo. Troviamo infine come conseguenza una doppia vita che si basa su una scissione della coscienza, di cui il soggetto stesso non è pienamente consapevole. A Nettuno perciò corrispondono gli abissi più profondi delle inconsce devianze psichiche. La passività spesso penosa conduce frequentemente a un forte desiderio di sostanze stupefacenti (come morfina, cocaina, alcool, caffeina, tabacco, e così via), che hanno la conseguenza di accrescere l'attività – anche solo temporaneamente e artificialmente –, sia pure solo come fantasticherie. ... Tipiche personificazioni: il mistico, il chiaroveggente, il poeta romantico, il musicista, il pittore, il veggente, il profeta, ma anche il visionario, l'illusionista, il sognatore, l'imbroglione senza consapevolezza, il ciarlatano, l'affascinatore, il medium, il millantatore, il misterioso, la spia, il drogato (morfinomane, cocainomane, ecc.).[14]»

Heinz Artur Strauss:

«Nettuno è trascendenza, dunque ciò che è al di là. ... Tutti i fenomeni parapsicologici si svolgono nell'ambito di Nettuno. ... Le persone segnate da Nettuno sono spesso artisti, pittori, poeti, musicisti di grande sensibilità e delicatezza. La nettunianità è inoltre – se così si può dire – l'abbandono passivo, la dissoluzione e il disfacimento della personalità, l'ottenebramento della mente, la dissoluzione di tutto l'Io. La caratteristica di questo stato è la caduta nell'apatia, nell'ottusità, contrariamente alla pazzia lunatica. ... Nettuno condiziona quindi tutti i tipi di rinuncia all'Io, di dissoluzione della personalità a partire da un innocuo "Romanticismo", illusioni, utopie, sfrenato entusiasmo, fino ad arrivare a estasi, stadi sonnambolici, psicosi, rappresentazioni deliranti e altri abnormi stati d'animo. Tutte le specie d'inflazione fanno parte del quadro nettuniano: inflazione mentale, psichica o materiale, manie di grandezza nonché i bluff nell'ambito materiale. ... La rinuncia a sé e l'estasi non devono necessariamente essere patologiche. Nell'esperienza di vita possono anche significare partecipazione al Tutto, scioglimento dei limiti percepiti dall'individuo come troppo angusti. In ogni sentimento autenticamente religioso c'è una parte estatica e mistica, sperimentata come partecipazione cosmica.[15]»

---

[14] Erich Carl Kühr, *Psychologische Horokopdeutung*, Band I, Cerny, Wien, 1948, p. 221 e segg. (edizione originale del 1938)
[15] Heinz Artur Strauss, *Psychologie und astrologische Symbolik*, Rascher, Zürich, 1953, p. 100 e segg.

Nicola Sementovsky-Kurilo:

«... non si può tuttavia negare che l'interpretazione delle singole sue corrispondenze rimanga uno dei più difficili compiti anche per il moderno astrologo ... Particolarmente problematica si presenta la possibilità di distinguere nettamente le sue caratteristiche positive da quelle negative. I limiti fra le une e le altre sfuggono a volte anche al più esperto astrologo, specialmente quando si tratta di temi di natività di artisti in cui Nettuno quasi sempre occupa una posizione di primo piano che generalmente indica un senso di grande forza intuitiva e di ricca immaginazione... In individui mediocri facilmente possono risolversi in morbosi eccessi della fantasia, in effettivo squilibrio mentale e perfino in tendenze criminali, soprattutto se il pianeta è gravemente "leso". Nettuno, in condizioni oroscopiche sfavorevoli, non di rado induce a pensare alla dissolutezza, alla passione del gioco, ai più disparati vizi; si trova a volte pure nei temi di natività di individui che fanno uso (o commercio) di stupefacenti o si danno ad attività illecite e immorali. Altrettanto spesso può trattarsi di persone che cadono vittime di traditori, di delinquenti o che vengono sfruttate da quanti ne sanno guadagnare la fiducia per abusarne. Nettuno, sempre in condizioni oroscopiche sfavorevoli, rivela inoltre tendenze a depressioni psichiche, all'ipocondria, al suicidio; in altri casi vi può essere pericolo di avvelenamento involontario (abuso di narcotici, cibi alterati e simili).[16]»

André Barbault:

«Nettuno è l'archetipo della dissoluzione o dell'integrazione universale, il cui registro presenta una gamma di valori qualitativi: indifferenziazione, confusione, permeabilità all'ambiente, invasione, partecipazione al gruppo, adesione all'unità superiore, identificazione, contemplazione, intensità affettiva, dilatazione psichica, comunione. Dissolve, dilata all'estremo, rimette in discussione l'unità per la sua liquidazione o il suo superamento: in questa gamma c'è la zona degli infra e degli ultra! Non c'è quindi da

---

[16] Nicola Sementovsky-Kurilo, *Astrologia. Trattato completo teorico-pratico*, Hoepli, Milano, 1955, p. 200.

stupirsi che il *tipo* nettuniano, in cui Nettuno è il pianeta dominante, gioca su una tastiera che mette soprattutto in risonanza i toni gravi e acuti, il pre-logico o il pre-razionale da una parte e dall'altra il surrealismo: stato crepuscolare del comatoso o dello schizofrenico in cui regna la perfetta confusione, l'adesione smisurata, la notte inintelligibile della mescolanza dell'Io e del non-Io. Lo stato intermedio della "veggenza", sorta di esplorazione dell'inconscio cosmico, stato eccezionale dell'estasi del santo o del *samadhi* dello yogin. Sul piano sociale, il nettuniano si integra ai movimenti collettivi similmente all'oceano che trascina gocce d'acqua; si realizza in modo anonimo attraverso un movimento, le sue aspirazioni personali sono quelle di un gruppo, di una classe, di una collettività. Il processo nettuniano degradato porta all'anarchia, alla demagogia, alla fermentazione, allo scandalo, al caos. In uno stadio elaborato, lo vediamo esprimersi attraverso le mistiche popolari e il collettivismo: democrazia, sindacalismo, socialismo. Ai giorni nostri trova un'estrema affermazione nell'universalismo marxista.[17]»

Lisa Morpurgo:

«Da Nettuno dipendono certi slanci che muovono l'uomo verso il lontano (geografico, spirituale o filosofico), e certi eccessi che lo allontanano dai sentieri solidamente battuti della normalità e della regola per spingerlo verso i paradisi artificiali della droga, dell'alcool e anche della più modesta nicotina. Indubbiamente legato alla religiosità, al misticismo, Nettuno sembra voler dare una forma, accessibile all'uomo, a quel sublime Lontano che è Dio. Quando questo pianeta occupa una posizione duramente negativa, può anche determinare i turbamenti nevrotici e la follia, intesa come disperata volontà di negare il proprio Io per assumerne un altro. La curiosità nettuniana è accompagnata da una sensibilità fortissima, che completa la sensibilità lunare a un livello superiore. Grazie a questa sensibilità, lo slancio che porta alla creazione di sempre nuove forme si manifesta nell'arte. Nettuno è componente del genio in tutte le sue manifestazioni, anche scientifiche, ma specialmente del genio

---

[17] André Barbault, *Poissons*, Seuil, 1958, p. 22, 24.

artistico. In base all'analisi interpretativa, Nettuno appare legato al mare.[18]»

Methodi Konstantinov:

«Nettuno rappresenta la più elevata religiosità, la psicometria e le scienze segrete. D'altra parte, rappresenta il socialismo in tutte le sue forme. Nettuno governa i mari, la navigazione e le società di trasporto marittimo e fluviale. Crea condizioni caotiche, sensazionali, di disorganizzazione. Influenza i complotti, lo spionaggio, la prostituzione. Quando la sua energia è impiegata positivamente, fa i geni, mentre quando è utilizzata negativamente provoca bassezza spirituale e mancanza di responsabilità. Influenza tutta la produzione di materiali sintetici, narcotici, l'oppio, la nicotina, ecc. Influenza egualmente ospedali e società religiose e benefattrici. In meteorologia, Nettuno apporta un tempo freddo, brumoso e umido.[19]»

Maria Maitan:

«Problematica si presenta la possibilità di distinguere nettamente le sue caratteristiche negative da quelle positive poiché le sue qualità non hanno limiti precisi. Indica forza intuitiva e ricca d'immaginazione. Sensazioni, atteggiamenti ed abitudini che passano dal romantico all'irrazionale, dal mistico al medianico, dall'estremo senso sociale e umanitario all'individualismo più negativo. Può indicare tendenza ad eccessi morbosi della fantasia, a squilibri, a dissolutezza, a ricerca del sensazionale, a passione per il gioco, per l'alcool, per le droghe, così come indica anche un'eccessiva influenza dell'ambiente, nebulosità e impressionabilità, misticismo, medianità, possibilità artistiche, ovvero confusione e imbroglio, speranze insensate e illusioni, ma anche rivelazioni spirituali. Dice l'astrologo francese Jean David "I sentimenti e le emozioni dovute a Nettuno sono quelle che ispirano il desiderio di comunione universale,

---

[18] Lisa Morpurgo, *Introduzione all'astrologia*, Longanesi, Milano, 1972, p. 66, 67.
[19] Methodi Konstantinov, *L'astrosociologie mondiale*, Omnium littéraire, Paris, 1972, p. 32.

l'amore fraterno, l'aspirazione alla dissoluzione delle barriere sociali e morali e anche logiche che nuocciono o possono nuocere a una perfetta comunicazione affettiva. Il bisogno di evasione, d'esaltazione morbosa, di fuga in un immaginario fantastico è ugualmente nettuniano." ... Regna sui mari, su un universo fluttuante e mobile con le sue onde che si formano, scompaiono, imprendibili e pertanto ben reali. Nettuno è il pianeta dei profeti, dei grandi iniziati, dei veggenti che hanno sempre affermato che ciò che ha l'apparenza del reale è in realtà illusione mentre l'irreale è realtà divina. ... Nettuno rappresenta infatti, soprattutto, le grandi correnti spirituali e viene riferito al mistero, all'invisibile, all'al di là del cosciente. La sua influenza si estende su tutto quello che oltrepassa l'uomo, al collettivo, agli archetipi inconsci, ai legami segreti fra materia e spirito. ... Di tutti i pianeti, Nettuno è quello il cui ruolo è il più difficile da interpretare in un oroscopo.[20]»

Fritz Riemann:

«Nettuno in un certo qual modo ci fa diventare medium, ci fa percepire le più sottili vibrazioni e così a essere aperti a tutto ciò che ci circonda. Per il suo tramite sperimentiamo la partecipazione a dimensioni ultra individuali che possono innalzarsi fino a sperimentare una specie di legame con il Tutto, in cui ci sentiamo parte del cosmo e in cui la nostra solitudine diventa un essere-nel-tutto. E così può condurci all'idea dello sconfinato, alla vastità in cui spazio e tempo vengono annullati; ci rende sensibili alla metafisica e diviene un elemento essenziale del nostro bisogno di trascendenza, che trova la sua più pura espressione nella mistica. ... Come ottava superiore di Venere, Nettuno aumenta la sensibilità fino all'extrasensorialità; può procurare percezioni sottili fino alla chiaroveggenza, e ancora altre doti parapsicologiche. I suoi sentimenti etici e la sua delicatezza lo innalzano al più raffinato senso estetico, la sua capacità di immedesimazione all'identificazione più ampia. Tuttavia può condurre anche alla superstizione, allo spiritismo e a un'estatica tossicomania; talvolta a un desiderio di morte, nelle forme decisamente riconoscibili

---

[20] Maria Maitan, *Fatevi il vostro oroscopo*, Feltrinelli, Milano, 1972, p. 65, 66, 67.

dell'autodecomposizione e autoannientamento, che non devono essere riconosciute come tali. La porosità porta con sé il pericolo dell'estraniamento dell'Io; la persona con un Nettuno dominante è simile a un sistema aperto – verso l'interno a strati psichici inconsci, verso l'esterno all'ambiente –, e i limiti in tal modo confusi rendono più difficile la differenza tra il dentro e il fuori, tra l'Io e il non-Io, e con questo l'orientamento nel mondo. ... E così Nettuno simbolizza il campo della psiche da cui provengono tanto i presentimenti, le ispirazioni e i lampi visionari, sogni veridici e certezze non afferrabili unicamente con l'intelletto; ma anche fantasie allucinatorie, autoinganni, percezioni illusorie e chimerici sogni ad occhi aperti. Se Urano ha spezzato i confini mediante conoscenze fulminee, Nettuno li scioglie in una compenetrazione immensamente sottile fatta di scambi tra l'Io e il mondo esterno, tra coscienza e inconscio. Si capisce bene che siamo all'altezza di questo principio formativo solo quando abbiamo sviluppato un nucleo stabile dell'Io e della personalità, e trovato l'identità con noi stessi – altrimenti ci minaccia il pericolo di essere sommersi, inermi, dall'assorbimento di elementi estranei, che possono invaderci fino all'estraniamento e alla perdita dell'Io. ... Sul piano psichico sperimentiamo in linea generale Nettuno come nostalgia dell'allargamento dell'Io. Se questo ci porta all'estasi mistica, alla *participation mystique*, oppure a una caotica inondazione per mezzo dell'inconscio collettivo, ciò dipende dal livello evolutivo della personalità in questione; in nessuna sfera il confine è così labile tra ispirazioni e geniali visioni da una parte e credulità, follia e fuga dalla realtà dall'altra. ... Nettuno, nella sua capacità di intuire realtà trascendenti e visioni mistiche, è un essenziale elemento dell'esperienza religiosa; è capace di ampliare l'amore "terreno" di Venere ad amore verso l'essere umano in genere, fino all'amore di Dio. ... Sicché troviamo – nel caso di forti criticità nettuniane prive di forze arginanti nell'oroscopo o nella biografia – idealisti lontani dalla realtà, giramondo in fuga dalla realtà, bohémien, tossicomani e depravati, "degenerati", intriganti, imbroglioni e maniaci (soprattutto il millantatore sensitivo), e frequentemente anche la sindrome un tempo sommariamente denominata "psicopatia".[21]»

---

[21] Fritz Riemann, *Lebenshilfe Astrologie*, Pfeiffer, München, 1976, p. 199 e seg.

Roberto Sicuteri:

«Egli porta l'archetipo della dissoluzione o dell'integrazione universale dell'estrema dilatazione verso una liquidazione o un superamento. ... È il pianeta della plasticità psichica... se in oroscopo esso è in buona posizione può produrre grosse realizzazioni spirituali, nuove, con una costante elevazione, con ampiezza affettiva. Ci sono casi dove Nettuno favorisce le esperienze mistiche, zen, artistiche o ideologiche. Un soggetto fortemente nettuniano può avere facoltà paranormali, medianità, ipersensibilità artistica. È il classico pianeta che crea i paradisi artificiali espressi nell'arte, nel pensiero, nella droga. Se invece Nettuno appare fortemente negativo in oroscopo, allora si possono prevedere turbe e devianze ... abbiamo le pressioni dell'inconscio, gli incubi, i sogni, le fantasticherie; emergono le nevrosi e i complessi dilagano nel comportamento esterno, si manifestano le proiezioni dei deliri, le regressioni o le identificazioni: allora qui Nettuno investe il campo della psicopatologia e mette a nudo le trame segrete degli stati crepuscolari della coscienza, fa emerge gli arcaismi schizofrenici nei quali regna la più completa confusione, la tenebra degli abissi, dove l'Io si identifica con ombre e archetipi in un fantastico delirio autoesaltante o distruttivo. ... Nettuno è un vero archetipo, è il retaggio ereditario collettivo nel senso dato da Jung a questi termini.[22]»

Stephen Arroyo:

«A mio avviso, la maniera più utile per descrivere il significato essenziale di Nettuno è quello di dire che rappresenta l'impulso a perdersi in un altro stato di coscienza (che sia "alta" o "bassa"), e l'impulso a rifuggire tutte le limitazioni, che siano le limitazioni dell'esistenza materiale con la sua noia che le limitazioni dell'Io e della personalità.[23]»

---

[22] Roberto Sicuteri, *Astrologia e mito*, Astrolabio, Roma, 1978, p. 182, 183, 184.
[23] Stephen Arroyo, *Astrology, karma & trasformation*, CRCS, Davis, California, 1978, p. 43.

Angelo Brunini:

«Nettuno è un pianeta passivo. Simboleggia: il dualismo, l'ispirazione, il misticismo, la veggenza, l'inerzia, il vizio, la musica, la pittura, le cose misteriose, l'occultismo, le allucinazioni, le paure, il buonumore, l'incertezza, il sacerdozio, le correnti politico-religiose. ... Temperamento flemmatico e spesso indolente, per lo più trascurato nel vestire e nel camminare; ottimismo, buonumore, bontà d'animo, sentimenti religiosi, comunicativa simpatica. ... Sentimentalismo, ascetismo. Nettuno ben messo fa delle persone fortunate, indirizzate prevalentemente nel commercio e nell'arte (pittura, musica, canto), nel sacerdozio e nella politica, nella medicina e nelle scienze biologiche ed occulte. Nettuno mal messo rende l'individuo incerto, timido, allucinato con la tendenza a cader vittima di persone di pochi scrupoli e con la predisposizione al suicidio. Insonnia, sonnambulismo, mancanza di volontà, ingenuità, deficienza mentale.[24]»

Robert Hand:

«Nettuno è probabilmente l'energia planetaria più difficile da capire. ... Nettuno simbolizza l'illusione, il mistero, la confusione e le crisi che segnano le sconfitte dell'Io. ... Nettuno può indicare una forte debolezza dell'Io.[25]»

---

[24] Angelo Brunini, *L'avvenire non è un mistero*, Roma, 1980 (edito in proprio), p. 274, 275.
[25] Robert Hand, *Horoscope symbols*, Whitford Press, West Chester, Pennsylvania, 1981, p. 75, 77.

Linda Wolf:

«È il pianeta che può produrre le grandi menti, i grandi artisti, i mistici, ma anche, negativamente, i folli e i truffatori. Le sue qualità positive portano alla spiritualità: la sua benefica influenza affina l'emotività, la genialità, il dono profetico, l'intuizione, l'abnegazione, la comprensione. In cattivo aspetto può rendere l'individuo folle, vizioso, superstizioso, o apatico, predisposto al suicidio e, sempre qualora il resto dell'oroscopo lo confermi, potenzialmente tossicomane e anche cleptomane. Simboleggia l'acqua, la fantasia, il romanticismo, l'arte, il senso musicale, la capacità di sublimazione, la perversità, la crudeltà, l'irrazionale, la credulità, la superstizione, l'intuizione, il senso poetico, la droga, il mistero. Governa lo stato mentale, l'inconscio e le inversioni sessuali.[26]»

Francesco Waldner:

«Nettuno è il pianeta che favorisce la potenza creativa e l'attività artistica, e aumenta in noi le forze dello spirito e dell'idealismo. Nella sua posizione favorevole, Egli dà un forte impulso all'amore spirituale e alla carità; può produrre grandi geni, asceti e mistici, come grandi mistificatori. Negativo, genera confusioni, complicazioni, passioni misteriose, intrighi.[27]»

Ciro Discepolo:

«Il suo elemento è l'acqua: quella delle masse oceaniche, senza confini, caratterizzata dal caos, dalla dilatazione estrema, dalla mancanza di forze di coesione, dalla trasparenza che diventa torbidezza man mano che si scende verso il fondo. Nettuno è l'astro della grande sensibilità: normale e paranormale. ... Le sue parole chiave sono: dilatazione, espansione, ricettività, passività, fecondità, transfert, oblìo, sogno, immaginazione, fantasia, confusione, caos, disordine, nebulosità, buio, mistero, tradimento, pazzia, genio,

---

[26] Linda Wolf, *Astrologia. Come costruire e interpretare l'oroscopo*, Sonzogno, Milano, 1985, p. 40.
[27] Francesco Waldner, *Astrologia*, Elmo, Milano s.d., p. 44.

precognizione, metamorfosi, fusione con il collettivo, identificazione con la massa. Inoltre Nettuno è il significatore astrologico del misticismo e del sacrificio. Molti uomini di fede o che vivono al servizio del benessere umano sono segnati da esso. Quando è dissonante può offuscare la mente, togliere la volontà all'Io, sfumarne il carattere, inclinare l'individuo al vizio, renderlo schiavo della droga, dell'alcol, del fumo, del sesso.[28]»

---

[28] Ciro Discepolo, *Nuova guida all'astrologia*, Armenia, Milano, 1998, p. 96.

LE RADICI ARCHETIPICHE DI NETTUNO

Questa sommaria ricognizione della dottrina astrologica in lingua italiana, tedesca, francese e inglese evidenzia, nella maggior parte dei casi, una buona descrizione della fenomenologia nettuniana; è un tipo di letteratura indubbiamente stimolante e ricca di spunti di riflessione, ma non avanza spiegazioni che consentono di andare alla radice dell'archetipo sottostante al simbolo[29]. Nella mia biblioteca è presente un testo del 1976[30] in cui l'A., trattando il simbolismo di Nettuno, utilizza esplicitamente il termine di *participation mystique*. (Riemann, p. 201). Ritengo che quest'ultima rappresenti la strada giusta per approfondire la ricerca. Vediamo di avvicinarci al concetto.

Nel 1921 viene dato alle stampe *Tipi psicologici* di C. G. Jung, frutto di venti anni di osservazioni cliniche, come ebbe egli stesso ad affermare. Le prefazioni dell'A. alla settima (1937) e all'ottava edizione (1949) avvertono che il libro era rimasto sostanzialmente immutato: se ne può dedurre che questo testo abbia rappresentato un pensiero molto meditato e maturo, tenuto conto che, nel corso degli anni, lo stesso Jung si prese cura di rivedere e modificare molti dei suoi scritti.

Il capitolo 11 dell'opera in questione è costituito da un glossario in cui Jung definisce alcuni dei suoi concetti fondamentali, tra cui troviamo PARTECIPAZIONE MISTICA (*Participation mystique*). Leggiamo:

«Questo termine risale a Lévy-Bruhl. Con esso si intende un tipo particolare di legame psicologico con l'oggetto. La partecipazione mistica consiste nel fatto che il soggetto non può distinguersi chiaramente dall'oggetto, ma è legato a questo da un rapporto diretto che si può chiamare identità parziale. Questa identità è fondata

---

[29] Una lodevole eccezione è rappresentata dal libricino *Analogies de la dialectique Uranus – Neptune* a firma di André Barbault & Jean Carteret del 1950. Riferendosi ai poeti, gli A. scrivono testualmente di "un état mystique de participation universelle".

[30] Fritz Riemann, *Lebenshilfe Astrologie*, Pfeiffer, München, 1976, 1988.

---

sull'originaria unità di oggetto e soggetto; la partecipazione mistica è quindi un residuo di questo stato primordiale.[31]»

Alla voce IDENTITÀ (*Identität*) troviamo un'importante precisazione:

«L'identità psicologica ha come presupposto il suo essere inconscia. Essa è una caratteristica della mentalità primitiva ed è la base vera e propria della *participation mystique* la quale infatti altro non è che un residuo della primordiale mancanza di distinzione psichica fra soggetto e oggetto, dunque del primordiale stato inconscio, essa è poi una caratteristica dello stato mentale della prima infanzia...[32]»

Nel successivo *Commento al "Segreto del fiore d'oro"* (1929/1957) Jung torna ancora una volta in argomento e mette definitivamente a punto il concetto, riferendosi alla "dissoluzione" della *participation mystique*. Chi abbia letto la copiosa letteratura astrologica sul simbolismo di Nettuno si sarà reso conto della costante ricorrenza del termine "dissoluzione".[33]

Scrive ancora Jung:

«Lévy-Bruhl ha fatto rilevare, con geniale acutezza, come ciò che egli chiamava *participation mystique* fosse un segno caratteristico della mentalità primitiva. Con questo termine egli indicava semplicemente il grande residuo indeterminato dell'*indiscriminazione tra soggetto e oggetto*, che tra i primitivi assume ancora dimensioni tali che non possono non impressionare il "coscienzioso" europeo. Se la differenza tra soggetto e oggetto non diviene consapevole, prevale allora un'identità inconscia.

---

[31] *Tipi psicologici*, Opere, Vol. VI, Boringhieri, Torino, 1981, p. 471.

[32] *Idem*, p. 451.

[33] Cfr. H. A. Strauss, *Psychologie und astrologische Symbolik*, cit., p. 97. Questo Autore intitola il capitolo dedicato a Nettuno "la funzione della dissoluzione". Più avanti, scrive: "La nettunianità è inoltre l'abbandono passivo, la dissoluzione e il disfacimento della personalità, l'ottenebramento della mente, la dissoluzione di tutto l'*Io*."

L'inconscio viene poi proiettato nell'oggetto e l'oggetto introiettato nel soggetto, e cioè "psicologizzato".[34]»

L'idea di *participation mystique* da cui siamo partiti facilmente richiama alla mente la "simpatia" (*sympatheia*) degli Stoici[35] e l'idea dell'unità e indivisibilità del mondo: l'*Unus Mundus* degli alchimisti, che troviamo nell'opera di Gerardus Dorneus.[36] Anche il taoismo[37] postula la stessa visione del mondo.

Erich Neumann nei suoi scritti ha dedicato molto spazio alla *participation mystique*: ricordo, tra gli altri, *Die Erfahrung der Einheitswirklichkeit und die Sympathie der Dinge*[38], *Der mystische Mensch*[39] e *Storia delle origini della coscienza*. Per Neumann – come per C. G. Jung – si tratta di una caratteristica della mentalità dell'uomo primitivo, ma non solo: la riferisce al bambino nella fase dell'infanzia – in cui domina l'identificazione con la madre –, al mistico e all'uomo creativo. Addirittura postula che esista, prima della nascita, "uno stato nebuloso pre-psichico in cui non regna il mondo dell'Io e neppure l'opposizione Io-Tu e Io-Sé.[40]"

Una situazione "uroborica", indifferenziata, (come la definisce questo Autore) che comporta importanti conseguenze:

---

[34] C. G. Jung, *Commento al "Segreto del fiore d'oro"*, Opere, Vol. XIII, Boringhieri, Torino, 1988, p. 54. La sottolineatura è di Jung.
[35] «Gli Stoici intendono anzitutto significare l'affinità *oggettiva* esistente fra tutte le cose: la "simpatia" universale è l'ultima ragione che domina il mondo.» (Enciclopedia filosofica, Sansoni, Firenze, 1967, col. 1384)
[36] Cfr. C. G. Jung, *Mysterium Coniunctionis,* Opere, Vol.XIV/2, Boringhieri, Torino, 1990.
[37] «I principi basilari della simpatia nel taoismo sono l'identificazione e la fusione, come abbiamo indicato prima. Viene conseguita l'unificazione e l'armonia tra soggetto e oggetto, tra il conoscitore e il conosciuto, tramite un'interazione immediata e spontanea.» Chung-Yuan Chang, *Tao and the sympathy of all things*. Sta in Eranos Jahrbuch, Band 24, 1955 (Swets & Zeitlinger B. V., Lisse, 1986).
[38] Eranos Jahrbuch, Band 24, 1955 (Swets & Zeitlinger B. V., Lisse, 1986).
[39] Eranos Jahrbuch Band 16, 1948 (Swets & Zeitlinger B. V., Lisse, 1979).
[40] Erich Neumann, *Die Erfahrung der Einheitswirklichkeit und die Sympathie der Dinge*, Sta in Eranos Jahrbuch, Band 24, 1955 (Swets & Zeitlinger B. V., Lisse, 1986).

«Questa forza indeterminata che pervade tutto il mondo è il piano su cui opera la magia: essa agisce su tutto attraverso il principio della corrispondenza e della somiglianza. L'unione nella *participation mystique* di ciò che è logicamente contrario è la legge che vige in questo mondo, in cui ogni cosa è sacra e magicamente operante. Ancora non c'è alcuna separazione tra il sacro e il profano, tra il divino e l'umano, tra l'umano e l'animale. Il mondo vive ancora nella corrente originaria, in cui tutto si trasforma in qualsiasi cosa e può agire su qualsiasi cosa.[41]»

Per una miglior comprensione del concetto è a questo punto utile riportare un brano tratto dall'autobiografia di C. G. Jung in cui, coraggiosamente, egli ci fa partecipi di questa particolare sensazione:

«A volte mi sento come se mi espandessi nel paesaggio e all'interno delle cose, e vivessi in ogni albero, nello sciacquio delle onde, nelle nuvole e negli animali, che vanno e vengono, nelle cose.[42]»

La medesima risonanza riecheggia nelle parole del pittore Théodore Rousseau quando afferma:

«Sentivo anche la voce degli alberi, le sorprese dei loro movimenti; la varietà delle loro forme, fino alla particolarità di essere attratti dalla luce, mi aveva improvvisamente rivelato il linguaggio delle foreste.[43]»

Posto quindi che la *participation mystique* si riferisce tanto a uno stato uroborico, primordiale, indifferenziato, pre-conscio dell'essere umano quanto a uno stato in cui l'Io, pur pienamente formato, cede il passo alle forze dell'inconscio collettivo, la dissoluzione (dello stesso Io) ci appare subito come uno sviamento, una obnubilazione

---

[41] Erich Neumann, *Storia delle origini della coscienza*, Astrolabio, Roma, 1978, p. 248.

[42] C. G. Jung, *Ricordi, sogni, riflessioni*, Rizzoli, Milano, 1978, p. 273.

[43] Cfr. la voce Théodore Rousseau sul sito del Ministero della cultura francese (consultato il 4/6/2015).

(temporanea o irreversibile) della coscienza, di cui l'Io sappiamo essere il punto centrale. Tale dissoluzione non necessariamente rappresenta un danno per la psiche individuale, come risulta dalle testimonianze di numerose persone che hanno riferito le loro esperienze.

Se in prima battuta è lecito pensare di abbinare lo stato di *participation mystique* al Nettuno astrologico – come da qualche anno esplicitamente si sostiene da parte di molti cultori dell'arte di Urania – occorre tuttavia verificare sul campo la fondatezza di tale affermazione. Si è dovuto pertanto preliminarmente risolvere il problema di identificare i parametri indicativi di una personalità "nettuniana", in cui il simbolismo dell'astro assume pertanto particolare importanza. Ho quindi steso un elenco di 298 nominativi la cui carta del cielo natale evidenzia una forte presenza del pianeta, tale da costituire la nota dominante della genitura, o una sua presenza particolarmente rilevante. Un primo criterio è la presenza dell'astro in uno dei quattro angoli del cielo: Ascendente, Medio Cielo, Discendente, Fondo Cielo. La tradizione tolemaica assegna un posto privilegiato agli astri collocati ai quattro angoli del cielo[44], confermato nella seconda metà del secolo scorso dalle poderose statistiche di Michel e Françoise Gauquelin. Un secondo criterio è la valorizzazione del pianeta da parte dei luminari mediante la loro congiunzione o altri aspetti (sestile, trigono, quadratura, opposizione, e altri aspetti considerati minori, per altro da non trascurare nella valutazione complessiva del tema natale), senza distinguere tra quelli armonici e quelli dissonanti. Nettuno contemporaneamente in aspetto con Sole e Luna è di per sé già ragione sufficiente per considerarlo dominante nel tema natale, pur se l'astro non sia angolare. Ho considerato irrilevante la posizione del Sole nel segno zodiacale, salvo il caso di una cospicua presenza planetaria in Pesci, per naturale assonanza con il suo governatore. Va da sé che il tipo puro non esiste in natura, e che accanto a un forte Nettuno è possibile, se non probabile, trovare nel tema natale anche una o più co-dominanti,

---

[44] Afferma Tolomeo nel *Tetrabiblos* in merito alla forza dei pianeti: "Considereremo poi la loro posizione sull'orizzonte, poiché quando si trovano al Medio Cielo o nel luogo che lo segue essi posseggono la maggior forza, che risulta essere pure assai grande allorché si trovano all'orizzonte o nel luogo che immediatamente lo segue." (a cura di Massimo Candellero, Edizioni Arktos, Carmagnola, 1979, p. 86).

magari coadiuvate da una sotto-dominante, il che dà ragione di altre particolarità caratteriali riscontrabili nella biografia del soggetto. Prendiamo ad esempio l'artista Salvador Dalì: non è facile giudicare se prevalga Nettuno sulla Luna o viceversa nel quadro della sua genitura, e lo stesso si può dire per il poeta Paul Verlaine, che espone un'opposizione Luna-Nettuno lungo l'asse MC-FC. E che dire di oroscopi in cui Nettuno è angolare e simultaneamente congiunto con un altro pianeta come, ad es., il tennista Adriano Panatta, con Marte strettamente congiunto a Nettuno all'Ascendente, o il beato papa Giovanni Paolo II, il cui tema è valorizzato dalla congiunzione Giove-Nettuno altissima al MC? E sono anche presenti cieli di nascita veramente eccezionali come quello del fortissimo medium e sensitivo Gustavo Adolfo Rol, in cui troviamo il Sole congiunto a Nettuno, e contemporaneamente l'angolarità ravvicinata di Giove, Urano e Plutone a tre diversi angoli del cielo. Un'altra genitura eccezionale è quella di Ernesto Bozzano, il più grande studioso italiano di metapsichica, dove Nettuno è valorizzato dalla congiunzione al FC, e contemporaneamente riscontriamo un'angolarità ravvicinata di Giove, Saturno e Urano ai residui tre angoli. Il tentativo di ingabbiare soggetti fuori dal comune in una formula rigida inevitabilmente s'infrange nelle tante sfaccettature e sfumature della realtà, e l'elenco dei nettuniani in appendice al testo va quindi visto come procedimento euristico suscettibile di arricchimento e perfezionamento.

Da alcuni astrologi la *participation mystique*, caratteristica essenziale di Nettuno, per analogia è stata avvicinata al fenomeno del misticismo[45], la cui definizione secondo la Treccani (Enciclopedia Italiana) apre la strada a stimolanti considerazioni. Leggiamo:

«Nel mistico si manifesta e predomina quella capacità trascendentale, "celeste scintilla" che nella generalità degli uomini rimane al di là della soglia della coscienza, e che condiziona tutte quante le forze vitali, quelle dell'amore e della volontà, più che quelle dell'intelletto, fino a sollevarlo, attraverso la contemplazione e l'estasi, a un nuovo piano di coscienza, nel quale la distinzione di

---

[45] Cfr. Tra tutti: H. A. Strauss, *Psychologie und astrologische Symbolik*, cit., p. 104.

oggetto e soggetto scompare e si celebra l'unione inseparabile tra l'anima umana e il divino. Il misticismo quindi, in quanto sfera del soprarazionale, dell'*unio mystica*, porta necessariamente con sé il trasumanare, l'annichilirsi, l'aborrimento e la scomparsa dell'Io.[46]»

Esplorando una banca dati astrologica ben fornita e inserendo opportuni filtri di ricerca che rispondano ai requisiti già menzionati affinché si abbia una personalità "nettuniana", si ottiene una varietà di categorie come: santi, guru, mistici, pittori, medium e sensitivi, parapsicologi, scrittori e poeti, astrologi, musicisti, attori e registi, disturbati mentali, truffatori e criminali, psicologi psicoanalisti e psichiatri, politici, scienziati, e altri soggetti non nettamente classificabili. Il tutto per un totale di 298 casi, come già detto. L'inserimento in una categoria piuttosto che un'altra risponde a un sommario esame delle salienti peculiarità caratteriali delle persone in questione, come si riscontrano in svariati strumenti d'informazione pubblica (eccezion fatta per un piccolo scampolo di soggetti conosciuti personalmente, di cui per ovvie ragioni non è possibile fornire il nome e che verranno indicati con pseudonimi di fantasia).

Ad esempio, la ricerca compiuta su 30 nominativi di "servi di Dio, beati e santi" ha evidenziato nella grande maggioranza dei casi una preponderante presenza di Nettuno nella carta del cielo natale. Se ne deduce che una ricerca statistica condotta su vasta scala su questa categoria di persone potrebbe verosimilmente confermare la tendenza espressa dal piccolo campione esaminato.

L'astrologo francese Léon Lasson aveva già ipotizzato nel 1946 un'affinità tra Nettuno e i mistici, avventurandosi a impostare una ricerca statistica su 50 casi, così concludendo: "Questa troppo ristretta collezione sembra tuttavia indicare che esista una corrispondenza tra la posizione dominante di Nettuno e le tendenze mistiche, poiché numerosi soggetti della nostra collezione sono nati quando sorgeva Nettuno.[47]»

---

[46] Cfr. la voce "Misticismo" di Franz Rudolf Merkel, Goffredo Coppola, Guido Calogero (consultata l'11/5/2015).
[47] Léon Lasson, *Ceux qui nous guident*, René Debresse, Paris, 1946, p. 108, 109.

È del tutto evidente che la ristrettezza del campione non consente di trarre alcuna conclusione significativa, mentre è significativo che Lasson abbia voluto mettere alla prova un'intuizione da tempo circolante nell'ambiente astrologico.

Una prima riflessione nasce leggendo l'affermazione di Erich Neumann secondo cui "l'esperienza mistica in gran misura riposa sugli archetipi." (Neumann, 1948). Tale affermazione si rispecchia pienamente nel pensiero di C. G. Jung, come espresso in una lettera del 30/8/1951. Riferendosi alla concomitanza della figura del Cristo nella sua qualità di uomo empirico e di Figlio dell'Uomo – quest'ultimo come rappresentato nel libro di Enoc, sacro ai cristiani copti – Jung collega senza esitazione i fenomeni di sincronicità alla manifestazione degli archetipi:

«Ogni qual volta avvenga una tale identità, compaiono caratteristici effetti archetipici, e cioè *numinosità* e *fenomeni sincronistici*, tali per cui le narrazioni di miracoli sono inseparabili dalla figura di Cristo.» (Lettera al dr. H., 30/8/1951)

In una lunga missiva del 29/2/1952, Jung torna in argomento e scrive che "Le emozioni seguono uno schema istintuale, e cioè un archetipo. Negli esperimenti ESP[48], ad esempio, l'emozione si basa su una situazione di tipo miracoloso. ... Laddove prevale un archetipo, possiamo aspettarci fenomeni sincronistici, e cioè *corrispondenze acausali*, un parallelo ordinamento di fatti nel tempo.» (Lettera al dr. John Raymond Smythies, 29/2/1952).

In buona sostanza, seguendo il pensiero di Jung e Neumann, dobbiamo concludere che l'esperienza di *participation mystique* – in quanto necessariamente comporta il contatto con il numinoso e quindi con il mondo degli archetipi – è decisamente compatibile con l'insorgenza di fenomeni alcuni dei quali vengono definiti paranormali, addirittura miracolosi, a seconda del punto di vista dell'osservatore. In ogni caso, condizione indispensabile per il verificarsi di questa sorta di unione mistica è lo spodestamento consapevole dell'Io. Afferma Jung:

---

[48] Percezioni extrasensoriali (o fenomeni paranormali), studiati dalla parapsicologia.

«Non per nulla, il "lasciarsi andare" è la *conditio sine qua non* di tutte le forme di un elevato sviluppo spirituale, lo si chiami meditazione, contemplazione, yoga o *exercitium spirituale*. Ma ... la destituzione dell'Io non costituisce un atto di volontà e non è quindi un risultato arbitrariamente ottenuto, ma è piuttosto un accadimento, un evento ...[49]»

---

[49] C. G. Jung, *Empiria del processo d'individuazione*, Opere, Vol. IX/1, Boringhieri, Torino, 1980, p. 309.

CARATTEROLOGIA, TIPOLOGIA PSICOLOGICA E NETTUNO

Prima di procedere, è bene fare una premessa, parafrasando un brano tratto da *Tipi psicologici* di C. G. Jung: «[...] non vi può essere una descrizione nettuniana esauriente, che corrisponda a più di un individuo, nonostante essa possa servire a caratterizzare ottimamente migliaia di persone. La conformità nell'uomo è solo uno dei suoi aspetti; l'altro è rappresentato dalla sua unicità qualitativa. Il tipo nettuniano non può essere spiegato mercé una classificazione. Comunque sia, la comprensione del "nettuniano" dischiude una via per meglio intendere la psicologia di questo potente simbolo...[50]»

L'ampiezza del campo della coscienza ha attratto l'interesse di psicologi e caratterologi, che hanno ritenuto di operare una differenziazione tra soggetti la cui attenzione si focalizza su un oggetto o concetto alla volta e quelli che la lasciano spaziare liberamente. René Le Senne distingue pertanto la coscienza *stretta* dalla coscienza *larga*.[51] Nel soggetto a coscienza larga "la mente non è per nulla bloccata, gironzola. Non ci sono rappresentazioni dominanti, l'attenzione si allenta e si espande nella molteplicità sfumata delle rappresentazioni che tutte insieme si presentano al suo sguardo.[52]" L'astrologo André Barbault non esita a definire il nettuniano un essere dalla coscienza larga.

Se prendiamo invece in esame i tipi psicologici di C. G. Jung, è istintivo associare l'astro alla funzione[53] intuizione, in particolare

---

[50] Lo spunto per azzardare questa parafrasi proviene dalla lettura di *Tipologia e cinema* di Ivan Paterlini e Daniele Ribola (vedi più avanti).

[51] René Le Senne, *Traité de Caractérologie*, Presses universitaires de France, Paris, 1948, p. 104 e segg.

[52] *Idem*, p. 107.

[53] In questa sede non è possibile trattare il concetto di funzione secondo il Maestro svizzero. Mi limito quindi a richiamare la definizione datane dallo stesso Jung: "Considerata dal punto di vista energetico, la funzione è una forma di manifestazione della *libido*." (*Tipi psicologici*, Opere, Vol. VI, Boringhieri, Torino, 1969, p. 445).

all'intuizione introversa. "L'intuizione è quella funzione psicologica che trasmette le percezioni *per via inconscia*. ... Nell'intuizione un contenuto qualunque si presenta come un qualche cosa di compiuto senza che a tutta prima noi siamo in grado di indicare o di scoprire in quale maniera questo contenuto si sia realizzato. ... Colui che orienta il suo atteggiamento generale secondo il principio della intuizione, dunque secondo percezioni che gli vengono per la via dell'inconscio, appartiene al *tipo intuitivo*.[54]" È del tutto evidente lo stretto collegamento tra intuizione e inconscio, con quest'ultimo che, come abbiamo visto, è decisamente caratteristico del simbolismo nettuniano.

Si può inoltre cogliere una certa assonanza tra la coscienza *larga* di Le Senne con la funzione intuizione di Jung nelle parole di Marie-Louise von Franz:

«L'intuizione, per poter funzionare, per ricevere dall'inconscio qualche suggerimento, deve guardare le cose da lontano o in modo vago; deve socchiudere gli occhi e non analizzare i fatti troppo da vicino. Se una persona esamina le cose con troppa precisione, finisce col focalizzarsi sui fatti, e allora il suggerimento non riesce a passare. Ecco perché l'intuizione tende a essere vaga e imprecisa.[55]»

Del medesimo avviso due valenti junghiani, Ivan Paterlini e Daniele Ribola:

«Una delle caratteristiche dell'intuizione è che, per poter funzionare correttamente, ha bisogno di una certa "non lucidità", o focalizzazione. Infatti la focalizzazione, la discriminazione precisa, impedisce, o perlomeno ostacola e inibisce, quella serie di collegamenti fra i contenuti non contigui caratteristica delle intuizioni. Il pensiero distingue, mentre l'intuizione collega.[56]»

Ai nostri fini, è ora importante sottolineare la corrispondenza tra talune caratteristiche attribuite a soggetti nettuniani, da tempo

---

[54] Carl Gustav Jung, *Tipi psicologici*, Opere, Vol. VI, Boringhieri, Torino, 1969, p. 466, 467, 468.

[55] Marie-Louise von Franz, *Tipologia psicologica*, Tea, Milano, 1996, p. 59.

[56] Ivan Paterlini e Daniele Ribola, *Tipologia e cinema*, Persiani, Bologna, 2015, p. 90.

---

consolidate e pacifiche nella letteratura astrologica, e le deduzioni di Jung e von Franz riguardo il tipo intuitivo introverso. Il Maestro svizzero infatti scrive: "l'intuizione introversa, attraverso la percezione di processi interiori, fornisce dati che possono essere di straordinaria importanza per la comprensione degli accadimenti universali. Essa può persino prevedere in forma più o meno chiara le nuove possibilità, come pure ciò che si realizzerà effettivamente in avvenire. ... Il carattere particolare dell'intuizione introversa crea pure un tipo particolare di uomo: da un lato il mistico sognatore e veggente e dall'altro l'uomo fantasioso e l'artista.[57]"

Von Franz riprende e sviluppa il concetto come segue:

«Il tipo intuitivo introverso è dotato della stessa capacità di fiutare il futuro dell'intuitivo estroverso. Anch'esso sa esprimere le giuste congetture o i giusti suggerimenti circa le possibilità future di una situazione. La sua intuizione, però è rivolta verso l'interno, e perciò esso è soprattutto il tipo del profeta religioso o del veggente. A livello primitivo, è lo sciamano che sa quello che vogliono gli spiriti, gli dèi e gli antenati e che trasmette alla tribù i loro messaggi. In termini psicologici, diremmo che conosce i lenti processi che avvengono nell'inconscio collettivo, i cambiamenti archetipici e li comunica alla società.[58]»

A quale tipo apparteneva C. G. Jung? Egli stesso si definì un introverso, senza tuttavia specificare la funzione di appartenenza.[59] Una prima e probabile risposta al quesito è data dall'americano Angelo Spoto che afferma: "Quindi, sotto il profilo tipologico, siamo portati a formulare l'ipotesi provvisoria, e tuttavia fondata, che Jung sia un intuitivo introverso (funzione superiore) assistito dalla funzione ausiliaria di pensiero estroverso.[60]"

Nell'autobiografia, Jung riporta un episodio che sembra confermare l'ipotesi formulata da Spoto.

---

[57] *Tipi psicologici*, cit., p. 406.

[58] *Op. cit.*, p. 62.

[59] *C. G. Jung speaking*, Princeton Unversity Press, Princeton, New Jersey, 1977, p. 256 (trad. it.: *Jung parla*, Adelphi, Milano, 1999).

[60] Angelo Spoto, *Jung's typology in perspective*, Sigo Press, Boston, Massachusetts, 1989, p. 53.

«In ottobre [1913], mentre ero in viaggio da solo, fui all'improvviso colpito da una sorprendente visione: una spaventosa alluvione dilagava su tutti i territori, da nord a sud, posti tra il Mare del Nord e le Alpi. Quando raggiungeva la Svizzera, vedevo le montagne innalzarsi il più possibile, come per proteggere il nostro paese. Mi resi conto che si avvicinava una terribile catastrofe: vedevo i violenti flutti giallastri, le fluttuanti macerie delle opere della civiltà, gli innumerevoli morti, e infine il mare divenuto di sangue. Questa visione durò circa un'ora: ne ero sconvolto e nauseato, e provavo vergogna della mia debolezza. Passarono due settimane e la visione si ripresentò, con gli stessi particolari, solo la trasformazione in sangue era ancor più spaventosa. Una voce interna mi disse: "Guarda bene, è tutto vero, sarà proprio così: non c'è motivo di dubitarne.[61]"»

Sappiamo che dopo alcuni mesi sarebbe scoppiata la terribile I guerra mondiale.

---

[61] *Ricordi, sogni, riflessioni di C. G. Jung*, cit, p. 217.

NETTUNO ALL'OPERA: SANTI, GURU E MISTICI

Lo studioso di astrologia è pertanto giustificato nell'accostare, sotto la simbolica nettuniana, i santi ai guru, ai mistici in generale, nonché ai medium e ai sensitivi. Emerge anche che, astrologicamente parlando, la medesima dominante nettuniana è caratteristica pure dei più grandi studiosi e sperimentatori nel campo della metapsichica e della parapsicologia.

Esaminando lo scampolo delle geniture dei servi di Dio, beati e santi, troviamo tre casi di stigmatizzati:[62] Therese Neumann (Konnersreuth, 9 aprile 1898 alle ore 1:00), Gemma Galgani (Camigliano, 12 marzo 1878, ore 18:30), Padre Pio (Pietrelcina, 25 maggio 1887 alle 17:00). A questi si aggiungono altri due casi che ho classificato tra i "mistici": Marthe Robin (Chateauneuf-Galaure, 13 marzo 1902 alle 17:00) e Yvonne-Aimée de Malestroit (Parigi, 16 luglio 1901 alle 18:45). In particolare, da numerose e concordanti testimonianze risulta che tanto Therese Neumann che Yvonne-Aimée de Malestroit si nutrivano esclusivamente dell'ostia consacrata.

Il guru indiano Paramahansa Yogananda (Gorakhpur, 5 gennaio 1893 alle 20:38) riferisce di essersi recato in visita nel 1935 alla serva di Dio Therese Neumann e ci consegna questa testimonianza:

«Dalle palpebre inferiori di Teresa scorreva un sottile e continuo rivolo di sangue largo un dito. Il suo sguardo era fisso in alto nell'occhio spirituale al centro della fronte. Il panno che le avvolgeva il capo era inzuppato del sangue che usciva dalle stigmate corrispondenti alle ferite prodotte dalla corona di spine. La bianca veste aveva una macchia rossa al posto del cuore per la ferita al

---

[62] Secondo Ugo Dèttore, le stigmate sono «piaghe corrispondenti a quelle del corpo di Cristo, che si formano spontaneamente alle mani, ai piedi, alla fronte e al costato di alcuni soggetti di *vita mistica* particolarmente intensa e dediti alla meditazione sulla Passione. Nella storia della Chiesa abbondano gli stigmatizzati: se ne annoverano oltre 300, dei quali più di 60 sono stati santificati.» (*L'altro regno*, Bompiani, Milano, 1973, p. 560).

costato dove il corpo di Cristo ebbe, tanti secoli fa, quell'ultimo insulto dalla lancia del soldato. ... Poiché ero in perfetta sintonia con lei, cominciai a vedere le scene della sua visione. Ella fissava Gesù mentre Egli portava il legno della croce tra la moltitudine che lo derideva.[63]»

Torniamo ai santi. Fermo restando che, come raccontano le biografie, ciascuno di essi ha vissuto la santità a modo suo, in conformità alle diverse modalità espressive della propria "nettunianità" – la quale risente del periodo storico, dell'ambiente e delle diverse sfumature caratteriali che rendono ciascuno di loro (e ciascuno di noi) un *unicum* irripetibile –, subito si nota che, ai fini della individuazione della dominante astrologica, la genitura risulta indifferentemente armonica o dissonante.

Prendiamo ad es. S. Giovanni Bosco (Castelnuovo Don Bosco, 16 agosto 1815 alle 17:20): una genitura di Fuoco, caratterizzata dal grande trigono Sole-Marte-Nettuno tra Leone, Ariete e Sagittario. Nettuno riceve solo aspetti armonici, al contrario del beato Charles de Foucauld (Strasbourg, 15 settembre 1858 alle 17:00) e di S. Francesco da Sales (Thorens Glières, 21 agosto 1567 alle 21:30). Questi sono caratterizzati da un tema natale fortemente dissonante, in cui campeggia una Grande Quadrato (o Gran Croce) tra i segni mobili della Vergine, Pesci, Gemelli e Sagittario.

La genitura del beato Charles de Foucauld, si presta ad alcune particolari osservazioni, grazie all'analisi del grande grafologo Girolamo Moretti. Dopo una parentesi di carriera militare di alcuni anni, durante la quale conduce una vita dissoluta, il futuro beato s'improvvisa viaggiatore ed esploratore in Marocco, dove incontra e viene colpito dalla religiosità mussulmana. È l'inizio della sua conversione e ritorno al cattolicesimo, che si perfezionerà verso i 29 anni d'età. Da quel momento in avanti si dedica totalmente a Dio e vive una vita ascetica, infiammata d'amore, in totale povertà, a contatto con i Tuareg del deserto del Sahara algerino, dove morirà assassinato il 1 dicembre 1916. In una biografia leggiamo il suo appassionato proclama, più volte confermato:

«Pensa che tu debba morire martire, spogliato di ogni cosa, steso a terra, irriconoscibile, coperto di sangue e di ferite, violentemente e

---

[63] Paramahansa Yogananda, *Autobiografia di uno Yoghi*, Astrolabio, Roma, 1971, p. 340, 341).

dolorosamente ucciso ... e desidera che avvenga oggi.[64]» (6 giugno 1897, giorno di Pentecoste).

Girolamo Moretti studia la grafia di de Foucauld, parla di un essere "preso dal fuoco dell'amore", e così prosegue:

«Perciò è tempra di martire della verità. E nel martirio sarebbe preso da tale entusiasmo da decidersi per i maggiori tormenti, sembrandogli poca cosa una morte non tormentosa per rendere omaggio all'autore della verità. E se la morte non gli venisse incontro si cingerebbe di tutte le austerità della vita, dopo controllo e ponderazione, armandosi di collera contro se stesso per rintuzzare le sue passioni e per renderle prone del tutto alle aspirazioni sublimi che lo divorano.[65]»

Pertanto, si può essere santi o mistici indifferentemente sotto un cielo natale "facile" o "problematico", come pure si può essere un autentico Maestro spirituale o un falso guru.

Accanto a un Mahatma (Grande Anima) come Mohandas Gandhi (Porbandar, 2 ottobre 1869 alle 7:08) e un grande guru e mistico come Ramana Maharishi (Aruppukkottai, 30 dicembre 1879 alle ore 1:00) troviamo Ron Hubbard, discusso fondatore di Scientology (Tilden, Nebraska, 13 marzo 1911 alle 2:01) e l'altrettanto discusso Bhagwan Rajneesh (Kutchwada, 11 dicembre 1931 alle 17:13) fuggiasco e inseguito dalla giustizia americana.

Viene pertanto pienamente confermato l'assunto del Moretti, padre della grafologia italiana, secondo cui "il più gran santo

---

[64] Marguerite Castillon du Perron, *Charles de Foucauld*, Grasset, Paris, 2013 (ebook privo di numerazione di pagine).
[65] Girolamo Moretti, *I grandi dalla scrittura*, Messaggero di Sant'Antonio editrice, Padova, 2009, p. 366. Si pone qui il problema di accertare se il grafologo fosse a conoscenza del carattere e delle vicende dei soggetti dei quali esaminava gli specimen di scrittura, e se in tal caso il suo giudizio ne venisse in qualche modo influenzato. Al quesito è impossibile dare una risposta univoca e definitiva; in molti casi è stato certamente così (a quanto afferma Giovanni Luisetto, curatore della prima edizione de *I grandi dalla scrittura*), ma ciò non sempre è avvenuto. E nulla sappiamo in merito per quanto riguarda l'analisi di Charles de Foucauld.

avrebbe potuto essere il più grande delinquente umano, come il più grande delinquente avrebbe potuto essere il più gran santo.[66]"

Di fronte a Sri Aurobindo (Calcutta, 15 agosto 1872 alle 5:00) e la sua compagna spirituale Mira Richard – Mère – (Parigi, 21 febbraio 1878 alle 10:15) sta il multimilionario guru americano Werner Erhard (Philadelphia, Pennsylvania, 5 settembre 1935 alle 22:30) e Gigliola Giorgini – detta Mamma Ebe – (Bologna, 17 marzo 1933 alle 23:35), con la sua bella congiunzione Giove-Nettuno altissima al Medio Cielo, a suo tempo condannata per truffa, estorsione ed esercizio abusivo della professione medica.

Il misticismo di Pierre Teilhard de Chardin (Orcines, 1 maggio 1881 alle 7:00) – la cui genitura evidenza una forte componente nettuniana – è fuori discussione.[67] Dalla biografia di Sergio Quinzio, traggo:[68]

«Se padre de Lubac ha considerato Teilhard "un vero mistico", Maritain ha potuto così parlare, invece, di una "mistica naturale" con dei "tocchi di mistica soprannaturale", mischiati con "una strana esaltazione umana"; mentre Jean Guitton ha definito Teilhard "un geomistico". Comunque sia, la mistica di padre Teilhard de Chardin è certo una mistica di carattere molto particolare. Teilhard, "così poco filosofo e teologo, è al contrario a sua agio nella mistica", che comporrebbe con la scienza (Chauchard), la quale, mediante le sue evidenze e le sue suggestioni, aprirebbe l'accesso a una unificatrice e risolutrice visione dell'universo: è questa intanto, evidentemente, una prospettiva che lo differenzia profondamente dai mistici antichi.»

Pur nella difficoltà di incasellarlo *sic et simpliciter* tra i mistici, desidero ricordare la complessa figura di Lanza del Vasto (San Vito dei Normanni, 29 settembre 1901 alle 12:30). «La sua personalità eccezionale riunisce caratteristiche disparate: poeta, scrittore, filosofo, pensatore religioso con una forte vena mistica, ma anche

---

[66] Girolamo Moretti, *I grandi dalla scrittura*, cit., p. 10.

[67] Mi sia consentito rimandare al mio *Il punto dell'astrologia*, Alpes, Roma, 2014, alla pag. 101 e segg., in cui ho tracciato un ritratto astro-psicologico del gesuita.

[68] Sergio Quinzio, *Che cosa ha veramente detto Teilhard de Chardin*, Astrolabio, Roma, 1967, pagg. 126, 127.

patriarca fondatore di comunità rurali sul modello di quelle gandhiane, e attivista nonviolento contro la guerra d'Algeria o gli armamenti nucleari.[69]

Dal santo, al guru, al mistico, il passo è breve. E si transita con poco sforzo anche ai medium e sensitivi. L'enciclopedia Treccani dà la seguente definizione:

«**mèdium** s. m. e f. [dal fr. *médium*, che, attraverso l'ingl. *medium*, è dal lat. *medium* «mezzo», neutro sostantivato dell'agg. *medius* "medio"]. – Persona che si pretende dotata di speciali facoltà, grazie alle quali sarebbe in grado di provocare, in particolari condizioni (*trance*), fenomeni "non normali" (detti *medianici*), in contrasto con le leggi fisiche, agendo, secondo i cultori dello spiritismo, come intermediario (donde il nome) tra il mondo terreno e una qualche entità soprannaturale; della figura del medium si occupano, a diverso titolo, le scienze etnoantropologiche e la parapsicologia. Il termine è spec. riferito a chi è ritenuto capace di provocare fenomeni che interessino il mondo materiale (levitazione, telecinesi, ecc.), mentre vengono denominati *sensitivi* coloro che sarebbero in grado di esercitare telepatia, chiaroveggenza e simili.[70]»

---

[69] Wikipedia italiano (consultato il 28/7/2015).
[70] cfr. sito internet dell'Enciclopedia Teccani (consultato il 1/6/2015).

Secondo Ugo Dèttore, "caratteristico del medium è lo stato di *trance* in cui spesso opera: una sorta di sonno ipnotico ... nel quale la zona cosciente dell'Io ... appare quasi totalmente cancellata e sostituita da un'altra personalità.[71]"

La tesi di laurea in medicina di C. G. Jung *Psicologia e patologia dei cosiddetti fenomeni occulti* è incentrata sull'osservazione delle sedute medianiche eseguite nel corso di alcuni anni dalla sua giovane cugina Hélène Preiswerk, durante le quali si manifestavano varie "personalità sonnamboliche" da lui interpretate come manifestazione di deliri allucinativi. Nella tesi di Jung leggiamo alcuni interessanti passaggi:

«Delbrück e Forel hanno richiamato l'attenzione sull'importanza dell'autosuggestione nella formazione di stati oniroidi e simulazioni patologici. ... Questo lato oniroide patologico con paramnesie autosuggestive fino al vero e proprio delirio e all'allucinazione è presente anche nella vita di molti santi. ... La differenza con la scissione sonnambolica della personalità non è di principio ma è soltanto una differenza di grado, basata solo sull'intensità dell'autosuggestionabilità primaria e sulla disaggregazione degli elementi psichici. *Più la coscienza si dissocia più acquistano plasticità le situazioni sognate e di conseguenza più si riduce la parte cosciente della menzogna e in sostanza la parte della coscienza.[72]*»

---

[71] *L'altro regno*, cit. pag. 309. L'affermazione di Ugo Dèttore trae probabilmente origine dagli studi di Pierre Janet e Morton Prince, richiamati da C. G. Jung nel suo saggio *Considerazioni generali sulla teoria dei complessi*. Scrive Jung: "Sia Janet che Morton Prince sono riusciti a provocare quadruple e perfino quintuple scissioni della personalità, e da questi esperimenti è risultato che ogni parte della personalità ha un tratto di carattere che le è peculiare e una sua memoria particolare. Queste parti esistono in maniera relativamente indipendente l'una accanto all'altra e possono sempre svincolarsi l'una dall'altra, il che significa che ogni parte possiede un alto grado di autonomia. ... in fondo non esiste *nessuna differenza di principio* tra una *personalità parziale* e un *complesso*." (Opere, Vol. VIII, Boringhieri, Torino, 1976, p. 113).

[72] C. G. Jung, *Psicologia e patologia dei cosiddetti fenomeni occulti*, Opere, Vol. I, Boringhieri, Torino, 1970, p. 78. La sottolineatura è di Jung.

Nel saggio *I fondamenti psicologici della credenza negli spiriti*[73] del 1920, che ha trovato la sua stesura definitiva nel 1948, Jung riprende l'argomento della tesi di laurea e si richiama alla sua *teoria dei complessi* per avanzare una spiegazione dei fenomeni spiritici. "Il complesso dell'Io è soltanto uno dei diversi complessi", afferma; e prosegue: "Considerati dal punto di vista psicologico, gli *spiriti* sono quindi *complessi autonomi inconsci i quali appaiono proiettati*, perché essi non hanno nessuna associazione diretta con l'Io." Conclude così il suo saggio: "Là dove si tratta di fenomeni parapsicologici, questi sembrano di norma connessi con la presenza di un medium. Essi sono, almeno stando alla mia esperienza, effetti esteriorizzati di complessi inconsci.[74]"

Tornando ora al Nettuno astrologico, troviamo un'eccellente convergenza tra simbolismo astrologico e psicologia analitica nel pensiero del Dr. Heinz Artur Strass, già citato.[75]

Anche i parapsicologi non si distinguono astrologicamente dai medium al centro dei loro studi, quasi in un gioco di rispecchiamento in cui l'uno, forse, desidera vestire i panni dell'altro.

Prendiamo il caso del formidabile sensitivo Gerard Croiset (Laren, 10/3/1909 alle 15:00). Croiset è stato studiato sistematicamente dal prof. Wilhelm Tenhaeff dell'università di Utrecht che ne riconobbe le doti eccezionali nel campo della chiaroveggenza tattile. Fu consultato spesso dalla polizia olandese per individuare persone scomparse. Sfogliando la banca dati AstroDatabank troviamo classificato tra gli astrologi e i parapsicologi Frank W. Hyde (Southend-On-Sea, 10/3/1909 alle 23:50). Entrambi nati sotto il segno dei Pesci, hanno il cielo di nascita contrassegnato dal Sole in trigono a Nettuno, Venere in trigono a Nettuno, Marte in opposizione a Nettuno, Saturno in quadratura a Nettuno e Urano in opposizione a Nettuno.

---

[73] Opere, Vol. VIII. Boringhieri, Torino, 1976, p. 323 e segg.

[74] Jung tuttavia corregge in nota la sua affermazione, evidentemente risalente alla prima stesura del suo testo e, forte dell'esperienza derivante da osservazioni protratte per più di mezzo secolo, con grande onestà intellettuale avanza il dubbio di potere spiegare i fenomeni parapsicologici – tra cui quelli spiritici – esclusivamente con argomentazioni psicologiche.

[75] Alcune notizie su questo importante Autore sono consultabili, in tedesco, sul sito web astrowiki (consultato il 2/6/2015).

Frederic William Henry Myers (Keswick, 6 febbraio 1843, sconosciuta l'ora di nascita) fonda, in armonia con la sua congiunzione Sole-Nettuno, la *Society for Psychical Research* e l'illustre fisiologo francese Charles Richet (Parigi, 26 agosto 1850 alle 21:30) dedica la sua vita alla ricerca nel campo del paranormale, probabilmente ispirato dalla sua opposizione Sole-Nettuno.

Restando in argomento, ecco alcune persone la cui genitura evidenzia un forte Nettuno e che in qualche modo sono collegati alla medianità o alla sensitività.

Allan Kardec (Lione, 3 ottobre 1804 alle 19:00). Unanimemente considerato il padre dello spiritismo, dottrina che si basa sulla credenza della sopravvivenza dell'anima alla morte del corpo fisico, e alla possibilità di comunicazione con i defunti tramite medium.

Ornella Tonon (Milano, 12 agosto 1952 alle 11:30). Dal sito internet di Ornella, ricavo: «Da quasi 60 anni sono una sensitiva con capacità paranormali che ancora non conosco completamente, ma delle quali alcune ho imparato a dominare, in particolare la capacità di "vedere" dentro il corpo e la psiche di una persona quasi come se vedessi una videocassetta con la possibilità di andare avanti e indietro nel corpo.[76]»

Helena Blavatsky (Ekaterinoslav, 12 agosto 1831 alle 2:17). Medium, occultista, fonda la Società Teosofica.

Rudi Schneider (Braunau am Inn, 27 luglio 1908 alle 19:00). Medium a effetti fisici, studiato dai più importanti parapsicologi degli anni '20 e '30 del secolo scorso.

Willy Schneider (Braunau am Inn, 16 maggio 1903 alle 02:00). Fratello maggiore di Rudi, anch'egli medium a effetti fisici assai dotato. Fu studiato insieme al fratello.

A volte un unico aspetto tra il Sole e Nettuno è addirittura sufficiente per imprimere una forte segnatura alla carta del cielo, e accompagnare tanto la santità quanto la ricerca in campo parapsicologico e talvolta addirittura il disturbo mentale.

Esaminando la carta del cielo natale dello stesso C. G. Jung (Kesswil, 26 luglio 1875 alle 19:32), notiamo subito la presenza di una perfetta quadratura Sole-Nettuno tra Leone e Toro. In effetti, non solo il Maestro svizzero mostrò sempre un costante interesse alla fenomenologia paranormale, ma fu egli stesso soggetto di esperienze

---

[76] consultato il 9/6/2015 ma non più attivo.

limite[77]. Dopo avere subito un infarto che lo portò vicino alla morte, Jung racconta di avere avuto durante il ricovero visioni di sé stesso galleggiante nello spazio a 1500 chilometri d'altezza, e ancora altre esperienze che definì "meravigliose". Ebbe tuttavia cura di ribadire: "Le mie visioni e le mie esperienze erano effettivamente reali, nulla era soltanto sentito, soggettivo, anzi possedevano tutti i caratteri dell'assoluta oggettività.[78]" Restando nel campo delle visioni e dei sogni del grande psicologo, occorre ricordare che l'intero *Libro rosso* – un lavoro che lo tenne impegnato per 16 anni – altro non è che la trascrizione in immagini e parole del suo viaggio nell'inconscio, e contemporaneamente l'esposizione del nucleo essenziale della sua psicologia, che sarebbe andata sviluppandosi nei successivi decenni di lavoro. Psicologia il cui concetto centrale è il processo di individuazione, e il cui conclusivo strumento consiste nella tecnica dell'immaginazione attiva, cioè il confronto tra l'Io e l'inconscio, nell'ottica di una sintesi che arricchisce entrambi. Non a caso, un noto analista junghiano ama riportare il seguente aneddoto: «La Jaffè riferisce di un incontro tra Jung e dei giovani psichiatri che gli ponevano domande sulla psicologia analitica; in ultimo, prima di licenziarli, Jung restò un po' assorto in silenzio; poi, rivolgendosi a loro, così si espresse: "Ora che abbiamo creato le basi per una coscienza psicologica, il vero problema sarà imparare ad essere più decentemente inconsci".[79]»

---

[77] L'autobiografia di Jung pullula di descrizioni di fatti paranormali occorsi al Maestro svizzero nel corso della sua lunga vita.

[78] C. G. Jung, *Ricordi, sogni, riflessioni*, cit., p. 351.

[79] Federico de Luca Comandini, *Saper stare sulla soglia*, Babele n. 10 (giugno 2011), p. 14.

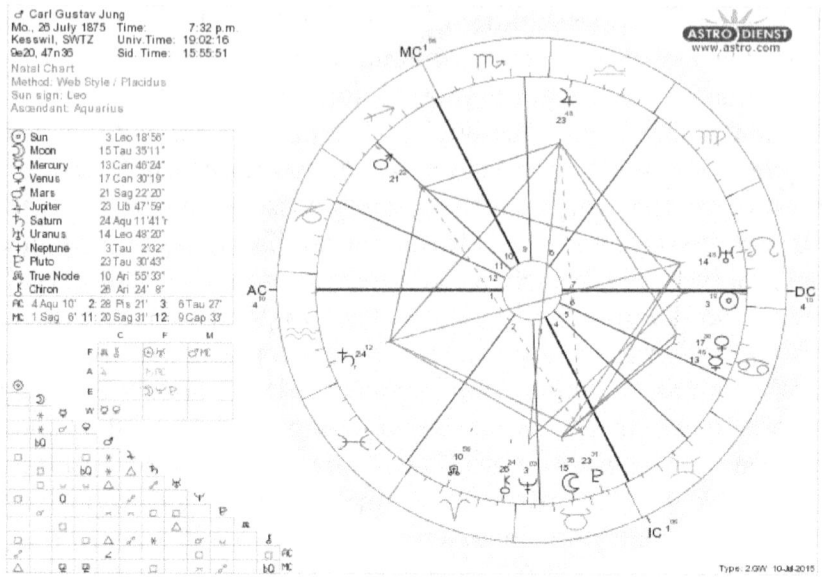

Ritroviamo la stessa quadratura Sole-Nettuno – fortemente potenziata dall'angolarità dell'astro e dal segno solare dei Pesci –, nel cielo natale del Dr. René Allendy (Parigi, 19 febbraio 1889 alle 10:00), esoterista, medico e psicoanalista francese di altissimo livello.

Un altro esoterista, psicoanalista freudiano di grande rinomanza, nonché illustre studioso dei fenomeni paranormali, è stato il nostro Emilio Servadio (Sestri Levante, 14 agosto 1904 alle 17:00).

Scorrendo l'elenco degli uomini di chiesa, l'aspetto di quadratura in questione si ripresenta nel servo di Dio Giovanni Paolo I (Canale D'Agordo, 17 ottobre 1912 alle 11:30) e in S. Federico Borromeo (Milano, 18 agosto 1564 alle 9:12).

Una persona che, secondo la Chiesa cattolica, ha vissuto esercitando "virtù eroiche" può entrare *post mortem* a far parte del canone dei santi, dopo la positiva conclusione di apposito processo di beatificazione. La prima fase del processo si conclude con la persona che viene proclamata "servo (o serva) di Dio". Successivamente, se sia stato accertato un miracolo per intercessione del *venerabile*, questi viene proclamato *beato*. Un ulteriore miracolo eleva e iscrive il *beato* nel canone dei *santi*. Per definire il miracolo, la teologia cattolica si rifà alla definizione datane da S. Tommaso d'Aquino secondo cui "le opere compiute da Dio, fuori dell'ordine delle cause da noi conosciute, si chiamano miracoli.[80]» Come si vede, la definizione è ampia e di conseguenza può dare adito a un'ampia fenomenologia. Nei Vangeli troviamo la descrizione di molti miracoli compiuti da Gesù, tra cui spiccano molte guarigioni.

Restando in tema di guarigioni, occorre distinguere tra guarigioni miracolose – certificate come tali da accurati controlli medici, intervenute spontaneamente nel malato in luoghi particolari come ad es. Lourdes – e inspiegabili guarigioni ottenute per specifico intervento curativo di un agente umano estraneo al malato; per altro non si può ignorare la somiglianza tra alcuni fenomeni paranormali prodotti da medium o sensitivi ed episodi attribuiti a "Uomini di Dio". Prendiamo il caso del formidabile Gustavo Adolfo Rol (Torino, 20 giugno 1903 alle ore 12:00).

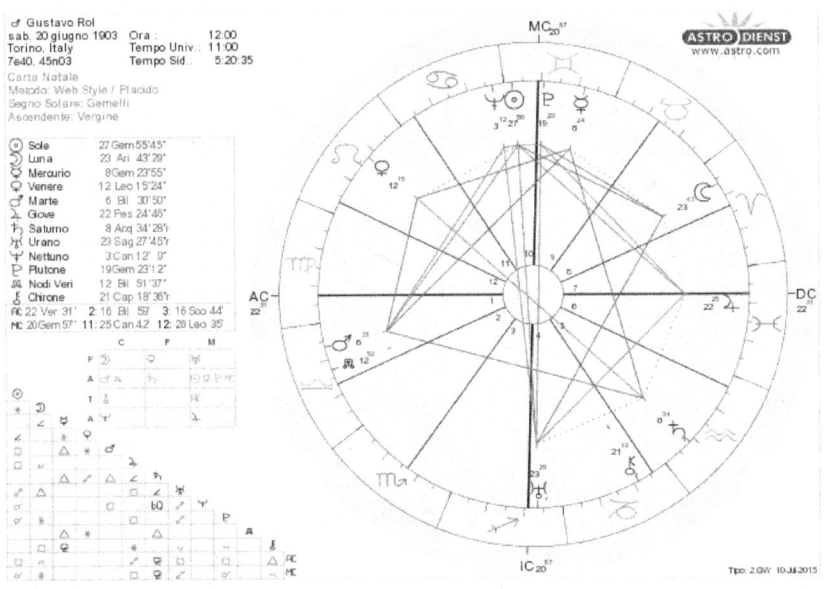

Il giornalista e scrittore Renzo Allegri scrive:

«Diversi medici degli ospedali di Torino, conoscendo le qualità di Rol, lo consultano spesso. Ci fu un periodo in cui veniva regolarmente chiamato in una clinica da un illustre ginecologo,

---

[80] *Summa Theologiae*, parte I, questione 105, articoli 6-8. e la voce "miracolo" dell'Enciclopedia Treccani, a cura di Umberto Fracassini e Ferdinando Neri: (entrambi consultati il 5/6/2015).

soprattutto quando si presentava un parto piuttosto difficile. Rol, con le sue facoltà psicocinetiche "pilotava" il nascituro risolvendo gli inconvenienti che potevano comprometterne l'esistenza.[81]»

Vengono inoltre riportati altri interventi taumaturgici eseguiti da Gustavo Adolfo Rol che lasciano sbalorditi: la remissione di un grosso calcolo renale e il risanamento di un soggetto tracheotomizzato.[82]

È ineludibile il fatto della contiguità, se non dell'identità, di taluni fenomeni prodotti da medium e sensitivi, ancora inesplicabili dalla scienza contemporanea, e quelli riportati dalle cronache delle vite dei santi.

Come s'è visto, le vite dei santi sono spesso contrassegnate da carte del cielo natale che evidenziano un Nettuno dissonante. Eccone alcune.

Cecilio Cortinovis, servo di Dio, (Bergamo, 7 novembre 1885 alle 18:15) con Sole, Luna e Mercurio in opposizione a Nettuno. Gemma Galgani, santa e stigmatizzata, già menzionata sopra, con Sole in semiquadratura a Nettuno e Giove in quadratura a Nettuno. La santa presenta anche tre pianeti nel segno dei Pesci, tra cui il Sole. Papa Giovanni Paolo I, servo di Dio, già menzionato sopra, con Sole in quadratura a Nettuno, Luna in opposizione a Nettuno. Francesca Cabrini, santa, (Sant'Angelo Lodigiano, 15 luglio 1850 alle 11:00) con Sole in sesquiquadratura a Nettuno, Mercurio in trigono a Nettuno, Marte in opposizione a Nettuno e Saturno in semiquadratura a Nettuno. Maria Teresa Goretti, santa, (Corinaldo, 16 ottobre 1890 alle 13:15) con Sole in sesquiquadratura a Nettuno... L'elenco potrebbe continuare.

Nel corso di questa esposizione, per approssimazioni successive, tenterò anche di affrontare la questione che sorge inevitabilmente allorché prendiamo atto delle enormi divergenze di manifestazione dell'archetipo nettuniano, il cui ventaglio lascia veramente sbalorditi: un percorso passante indifferentemente per gli estremi del santo e del criminale, in una cornice che lo vede attivo non soltanto in settori di vita che ad esso appaiono particolarmente appropriati,

---

[81] Renzo Allegri, *Rol il mistero*, Musumeci editore, Quart, 1993, p. 38.
[82] Cfr. sito internet intestato a Gustavo Adolfo Rol (consultato il 5/6/2015).

come mistici e medium, ma anche in poeti e scrittori, musicisti, coreografi, danzatori, pittori, cantanti, attori, scienziati, filosofi, politici, alcolizzati e drogati, imprenditori, sportivi, militari, guaritori…

La domanda che salta subito all'occhio è: che cosa può incanalare il soggetto nettuniano verso il polo luminoso piuttosto che verso il polo oscuro dell'archetipo? Jung ha dedicato molta parte della sua opera agli archetipi, avendo cura di ribadire più volte:

«In sé l'archetipo non è né buono né cattivo. È un *numen* moralmente indifferente che solo attraverso lo scontro con la coscienza può diventare l'uno o l'altro o una dualità di opposti. La decisione per il bene o per il male sarà determinata, che l'uomo lo sappia o no, dall'atteggiamento da lui assunto.[83]»

Contrariamente quindi a frettolose aspettative, una genitura armonica non necessariamente comporta manifestazioni benefiche, allo stesso modo in cui quella dissonante non promette con certezza derive di vita dissoluta o dissipata.

Se è vero che la carta del cielo natale espone il temperamento nonché il carattere del nato, si pone quindi il problema di stabilire in quale direzione del ventaglio di possibilità di vita si avvierà il soggetto, tenuto conto delle predisposizioni ricevute alla nascita. Sono note le affermazioni di Jung, da ultimo quella riportata nell'autobiografia, secondo cui "La psiche del bambino nel suo stato preconscio è tutt'altro che una *tabula rasa*; è già preformata in modo individuale e riconoscibile, ed in più è dotata di tutti gli istinti specificamente umani, quindi anche a priori di tutti i fondamenti delle funzioni più elevate.[84]"

Supponiamo che la natura innata di una persona la predisponga all'ira o alla menzogna: potrà aspirare alla santità? Una persona che presenta un'inclinazione istintuale molto aggressiva diventerà soldato, macellaio, chirurgo oppure un assassino? Il buon senso c'insegna che ci sono cose che sfuggono alla ragione e che ci sono misteri di fronte ai quali l'uomo deve inchinarsi. Ciò non toglie che

---

[83] C. G. Jung, *Psicologia e poesia*, Opere, Vol. X/1, Boringhieri, Torino, 1985, p. 377.
[84] C. G. Jung, *Ricordi, sogni, riflessioni*, cit., p. 408.

l'essere umano debba sforzarsi per dare una risposta agli interrogativi che gli si presentano in modo ricorrente tramite l'osservazione della realtà.

Il grande grafologo italiano Padre Girolamo Moretti a un certo punto intraprese uno studio sistematico sulla grafia dei santi, poi sfociato nel suo *I santi dalla loro scrittura*. Sfogliandolo, ci accorgiamo che i numerosi ritratti grafologici in esso contenuti non hanno nulla di agiografico, anzi sono spietati nell'evidenziare le debolezze di uomini e donne che tuttavia sono riusciti a vivere una vita esemplare e pertanto a salire agli onori degli altari.

Limitandomi ad abbozzare i ritratti dei santi presenti nella mia raccolta, notiamo che quello di S. Francesco da Sales, ad esempio, lascia sconcertati quando leggiamo che "la sua passione predominante è l'irascibilità" che lo spinge a "escandescenze" e pertanto "tende a divenire, così, schiavo dei suoi movimenti psichici incomposti, per cui, se non prende l'abitudine di frenarsi, prenderà quella dello scatto in un crescendo continuo sino a cadere nella nevrastenia, inficiando tutte le sue facoltà.[85]" S. Alfonso de' Liguori, dal suo canto, era incline all'inganno e all'egocentrismo. Non solo, "dal facile accesso alla simpatia muliebre, il soggetto tende ad avanzare nel campo della tentazione adoperando le arti dell'adescamento." Così conclude Moretti la sua indagine su questo santo: "Questo è il soggetto nella sua natura innata. Se la storia, poi, lo presenta nel suo punto di arrivo, cioè rispettoso della vera morale, lo si deve considerare come campione della virtù, poiché per arrivare a tal punto ha dovuto ingaggiare una lotta continua e aspra contro le sue tendenze.[86]" La grafologia "è in grado di illuminare il punto di partenza e le tendenze di ogni soggetto e non le scelte effettive[87]", avvertono i grafologi Dario Cingolati e Pacifico Cristofanelli.

Né miglior trattamento il P. Moretti ha riservato alla S. Gemma Galgani della quale evidenzia la propensione all' "intenerimento erotico", all' "affettività languida... esca e sollecitazione per l'uomo" e che "potrebbe anche arrivare all'immoralità.[88]" Le note

---

[85] Girolamo Moretti, *I santi dalla loro scrittura*, Edizioni Paoline, Roma, 1975, p. 159.

[86] *Op. cit.,* p. 244.

[87] Girolamo Moretti, *I grandi dalla scrittura*, cit., p. 10.

[88] *Op. cit.,* p. 324.

del grafologo non risparmiano nemmeno S. Teresa d'Avila, considerata di tendenza "manipolatrice", "ipocrita" e incline a un forte "intenerimento sessuale", tale da predisporla "quasi necessariamente al vincolo matrimoniale e a una fecondazione fino all'esaurimento delle potenze generative.[89]"

Eccoci giunti al nocciolo del problema. Una possibile soluzione all'aporìa ci è offerta dalla psicologia del profondo, che ha coraggiosamente affrontato il problema dell'Ombra, ossia di quella parte inferiore della personalità respinta e rifiutata dal soggetto, e che in genere viene proiettata sugli altri. Il lato oscuro di cui in genere si è inconsapevoli e che si preferisce ignorare, in quanto sgradevole o poco rispondente ai canoni morali dominanti. Scrive in proposito M.-L. von Franz:

«Le persone che hanno consacrato la loro vita a una vocazione religiosa, per esempio, hanno una natura estremamente problematica, perché la comunità si aspetta sempre da loro mitezza, amicizia, solerzia, altruismo e virtù. I poveretti hanno anch'essi un'Ombra che però non possono vivere apertamente. Se lo facessero l'intera comunità gli si rivolterebbe contro. Di conseguenza, consumano il loro rapporto con il male vedendolo negli altri e scagliandosi contro di esso nelle prediche.[90]»

Lo stesso Erich Neumann ha voluto occuparsi dei santi nel suo appassionato *Psicologia del profondo e nuova etica*, da cui traggo:

«Ben conosciamo i santi che sublimano e la cui "irreprensibile" esistenza non conosce la sessualità vissuta ed è ricolma di amore per il prossimo, perlomeno a livello cosciente. A uno sguardo più attento, tuttavia, non può sfuggire l'aureola infernale che spesso emana da tanta santità. Alla periferia di quel purissimo centro irradiante scopriamo la corona di fantasie sessuali perverse che il "diavolo" invia come tentazioni, non diversamente dal cerchio di sangue e di fuoco in cui sono perseguitati con odio gli infedeli; vi scorgiamo tutta la disumana crudeltà dei roghi e delle camere di

---

[89] *Op. cit.*, p. 107.
[90] Marie-Louise von Franz, *Il mondo dei sogni*, Red, Como, 1990, p. 89, 90.

tortura, dei pogrom e delle crociate che smentiscono l'amore per il prossimo e le "sublimazioni" della coscienza.[91]»

Sia von Franz che Neumann hanno messo il dito sulla piaga, esprimendo giuste perplessità e considerazioni che probabilmente hanno valenza generale, ma che non possono ignorare le eccezioni costituite da chi è riuscito in quella che Jung definiva "opera da apprendista[92]" in quanto, come affermava il Maestro svizzero, l'Ombra "non ha contenuti soltanto negativi ... Si tratta di risorse di altissimo dinamismo, e dipende soltanto dalla preparazione e dall'atteggiamento della coscienza se l'irruzione di tali forze e delle immagini e rappresentazioni ad esse connesse porterà a una costruzione oppure a una catastrofe.[93]" Neumann riprende e condivide il concetto quando afferma: "Infatti l'uomo creativo necessariamente riconosce anche nella sua Ombra e nelle sue deficienze una parte del terreno su cui si svilupperanno la sua crescita e la sua trasformazione.[94]"

Di conseguenza, sottopongo un'ipotesi di lavoro circa la direzione che può prendere il percorso di vita di una persona – ossia puntare verso il polo positivo piuttosto che quello negativo dell'archetipo – direzione che a mio avviso è in buona parte funzione tanto dallo stato di consapevolezza da questa raggiunto[95], quanto dalla sua capacità di integrazione dell'Ombra. Fare entrare in gioco l'influsso preponderante dell'ambiente non può costituire una spiegazione esaustiva, poiché in pratica equivale a tirare in ballo l'imponderabile fattore "destino" (che tuttavia – lo ricordo – né Jung né Neumann ripudiavano, come si evince dalla ricorrenza di questo

---

[91] Erich Neumann, *Psicologia del profondo e nuova etica*, Moretti & Vitali, Bergamo, 2005, p. 101.

[92] C. G. Jung, *Gli archetipi dell'inconscio collettivo*, Opere, Vol. IX/1, Boringhieri, Torino, 1980, p. 27.

[93] C. G. Jung, *Presente e futuro*, Opere, Vol. X/2, Boringhieri, Torino, 1986, p. 153, 154.

[94] Erich Neumann, *L'uomo creativo e la trasformazione*, Marsilio, Venezia, 1975, p. 59.

[95] "Perciò, chi desideri avere una risposta al problema del male ... ha bisogno, per prima cosa di *conoscere sé stesso*, e cioè della maggiore conoscenza possibile della sua totalità." C. G. Jung, *Ricordi, sogni, riflessioni*, cit. p. 388. La sottolineatura è di Jung.

termine in *Ricordi, sogni, riflessioni* e in *Psicologia del profondo e nuova etica*).

In buona sostanza, il processo di trasformazione – partendo, similmente a un processo alchemico, dalla materia vile costituita dai vizi e dalle passioni di cui nessuno può dichiararsi immune, e tenendo presente che l'obbiettivo ultimo da raggiungere non è la perfezione, bensì l'interezza della personalità – non deve poggiare sulla rimozione o, peggio, sulla repressione dell'Ombra, una lotta che può nel migliore dei casi condurre a successi provvisori ed effimeri. Secondo la saggezza dei rabbini chassidici "non ci si deve avventare contro il male, ma ritirarsi sulla originaria forza divina e di lì circondarlo e piegarlo e *trasformarlo* nel suo opposto.[96]"

---

[96] Martin Buber, *I racconti dei Chassidim*, Garzanti, Milano, 1985, p. 158. Sottolineatura mia.

L'esoterismo è un tema particolarmente complesso e sfuggente, poiché si presta a un'infinità di interpretazioni in cui è pressoché impossibile identificare, sia nella parola che nell'oggetto di studio, una sicura concordanza di definizioni e di obbiettivi. Tracciare una storia dell'esoterismo si rivela impresa molto ardua, e in questa sede non è possibile fare altro che sfiorare l'argomento, all'unico scopo di ricondurlo alla simbolica nettuniana.

Per orientarci nei meandri di questo *mare magnum*, ci rivolgeremo quindi alla guida di Antoine Faivre, storico francese, direttore emerito della École pratique des hautes études, il primo accademico ad avere costituito la cattedra di Storia dell'esoterismo occidentale. È singolare il fatto che, al momento della nascita del prof. Faivre (Reims, 5 giugno 1934, sconosciuta l'ora), Nettuno formasse una quadratura con il Sole, un sestile con Mercurio e un trigono con Venere.

Secondo Faivre, una disciplina che possa definirsi esoterica necessita di sei caratteri, di cui quatto fondamentali e due secondari: deve postulare una concordanza tra tutte le parti dell'universo (l'idea del microcosmo e del macrocosmo), deve concepire la Natura come un essere vivente fatto di una rete di simpatie e antipatie, deve poggiare sull'immaginazione e su rituali, deve offrire la prospettiva di conseguire una trasmutazione interiore, deve concordare nelle linee essenziali con altre tradizioni esoteriche e infine deve trasmettere le sue conoscenze da maestro a discepolo.[97]

È evidente la risonanza con alcuni motivi tipicamente nettuniani, già incontrati in precedenza.

Raymond Abellio (Toulouse, 11 novembre 1907 alle 20:00). «Marxista negli anni Trenta, poi vicino al fascismo nei primi anni Quaranta, è autore di una vasta produzione di tono filosofeggiante e

---

[97] Antoine Faivre, *L'esoterismo*, Sugarco, Milano, 1992, p. 25 e seg.

profetico (con larghi influssi della Bibbia, della cabala, dell'esoterismo).[98]»

Robert Amadou (Bois-Colombe, 16 febbraio 1924 alle 3:00). Notevole intellettuale francese, conseguì tre dottorati in teologia, filosofia, etnologia. S'interessò alla parapsicologia, poi all'astrologia, al sufismo; fu gnostico, massone, martinista, rosacrociano.

Georges Barbarin (Issoudun, 17 novembre 1882 alle ore 1:00). Scrittore prolifico «si è dedicato a teorie pseudoscientifiche sulla finalità della piramide di Cheope, allo sviluppo personale, alla pseudostoria e alla pseudoarcheologia. Secondo lui, la piramide di Cheope sarebbe una Bibbia di pietra, una costruzione profetica che contiene le date chiavi della storia dell'umanità passata e futura.[99]»

Elmar Gruber (Vienna, 12 ottobre 1955 alle 20:45). Dal sito internet del dr. Gruber[100] ricavo: «Ha studiato psicologia, filosofia e antropologia culturale. Ha investigato, insieme al prof. Hans Bender, la fenomenologia del paranormale. Si è impegnato in ricerche sul campo aventi a oggetto lo sciamanesimo e la magia in Messico, Filippine e India. Si è dedicato alla storia delle religioni. Ha scritto numerosi libri (tradotti in 21 lingue) e articoli su Nostradamus, la New Age, la parapsicologia, lo sciamanesimo, il buddismo.» Elmar Gruber espone alla nascita una formidabile quadruplice congiunzione Sole-Mercurio-Venere-Nettuno nel segno della Bilancia.

Victor Benjamin Neuburg (Islington, 6 maggio 1883 alle 0:15). Poeta e sodale del mago nero Aleister Crowley, il quale così lo descrive al primo incontro del 1908: «Era un agnostico, vegetariano, mistico, tolstoiano, e molte altre cose insieme. Si sforzava di esprimere la sua condizione spirituale indossando la stella verde dell'esperanto, malgrado non conoscesse la lingua, e rifiutando di portare il cappello, anche a Londra, di lavarsi e di portare i pantaloni. Si contorceva ogniqualvolta ci si rivolgeva a lui, e le sue labbra, tre volte più grandi rispetto al suo viso, emettevano la risata più straordinaria che avessi mai sentito. A questi vantaggi univa quello di aver letto moltissimo, di possedere un sottile senso dell'umorismo

---

[98]Cfr. sito internet dell'Enciclopedia Treccani (consultato il 27/7/2015).
[99] Cfr. Wikipedia francese (consultato il 27/7/2015).
[100] consultato il 27/7/2015.

e di essere una delle migliori persone sulla faccia della terra. Dal primo momento che lo vidi, mi accorsi che aveva una straordinaria predisposizione per la magia. ... Mi resi conto che aveva già praticato molto lo spiritismo e la chiaroveggenza.[101]»

Maurice Nicoll (Kelso, Scozia, 19 luglio 1884 alle 0:22). Psichiatra, frequenta Ouspensky e si fa seguace della "Quarta via" di Gurdjieff. Scrive *Psychological Commentaries on the Teaching of Gurdjieff and Ouspensky* in 6 volumi.

Trevor Ravenscroft (Sheffield, 23 aprile 1921 alle 12:00). Si è occupato della lancia che trafisse il costato di Cristo, scrivendo due libri – *The Spear of Destiny* e *The Mark of the Beast* – in cui afferma «che Hitler era ossessionato dalla lancia, per impadronirsi della quale scatenò la II guerra mondiale.»

Raimondo di Sangro, principe di Sansevero (Torremaggiore, 30 gennaio 1710 alle 10:15). Uomo dai poliedrici interessi, tra i quali vi sarebbe anche l'alchimia. Su di lui sono corse le voci più strampalate e diverse che nel tempo hanno alimentato la leggenda di un mago piuttosto che di uno scienziato, forse troppo avanti rispetto al suo tempo. Stupefacente si manifesta agli occhi del visitatore la Cappella Sansevero che ospita statue allegoriche di squisita fattezza, oltre a un Cristo velato e misteriose macchine anatomiche ancora oggetto di studio.

Louis Pauwels (Parigi, 2 agosto 1920 alle 8:00). Giornalista, scrittore. A suo tempo assai conosciuto in Francia per il suo libro *Il mattino dei maghi* (a quattro mani con Jacques Bergier). Fonda la rivista *Planète* «da alcuni considerata di alto livello, le cui informazioni approssimative, i deliri esoterici o ufologici, l'apologia della droga erano in parte compensati da un'impostazione redazionale e da un'iconografia in linea con il tempo.[102]» Si converte al cattolicesimo nel 1982.

Jean Richer (Parigi, 4 febbraio 1915 alle 16:00). Professore universitario di letteratura francese «è l'autore di numerose pubblicazioni riguardanti le dottrine esoteriche, l'astronomia e

---

[101] Aleister Crowley, *The confessions of Aleister Crowley*, ebook senza numerazione di pagina.
[102] Cfr. Wikipedia inglese (consultato il 28/7/2015).

l'astrologia nell'ambito del pensiero religioso, nelle arti e nell'organizzazione del mondo greco e romano.[103]»

[103] Cfr. Wikipedia francese (consultato il 28/7/2015).

Volgiamoci ora ad alcune geniture di nettuniani che hanno avuto a che fare con la giustizia penale.

Jean-Claude Romand (Lons le Saunier, 11 febbraio 1954 alle 10:45), bugiardo patologico, truffatore, uccide moglie, figli e genitori, e viene condannato all'ergastolo. Sole in trigono a Nettuno, Venere in trigono a Nettuno.

Esemplare il caso di Leon Morris Livingston (Salt Lake City, Utah, 25 aprile 1928 alle 2:20), assassino, condannato all'ergastolo. Sole in trigono a Nettuno, Mercurio in trigono a Nettuno, Giove in trigono a Nettuno. La sua genitura espone un Grande Trigono tra Mercurio-Saturno-Nettuno in segni di Fuoco.

Ferdinando Carretta (Parma, 7 novembre 1962 alle 1:45). Stermina i suoi famigliari: padre, madre e fratello e ne getta i corpi in una discarica. Reo confesso, viene dichiarato infermo di mente e rinchiuso in un ospedale psichiatrico giudiziario. Sole congiunto a Nettuno, Luna in trigono a Nettuno, Marte in quadratura a Nettuno. Luna in Pesci.

Gigliola Giorgini, detta mamma Ebe, già menzionata in precedenza.

Luigino Negro (Viarigi, 1 ottobre 1950 alle 7:10). Esercita da neurochirurgo con successo la professione medica per dieci anni, ma privo di laurea. Stimato dai colleghi e amato dai pazienti. Sole congiunto a Nettuno, 3 pianeti in casa XII, tra cui il Sole. Nettuno congiunto all'Ascendente.

Armando Verdiglione (Paulonia, 30 novembre 1944 alle 20:00), psicoanalista, imprenditore, editore. Condannato per reati vari. Sole in sestile a Nettuno, Marte in trigono a Nettuno, Saturno in quadratura a Nettuno, Urano in trigono a Nettuno, con quest'ultimo congiunto al Fondo Cielo.

Fra i reati che si potrebbero considerare affini al pianeta (oltre la truffa, l'imbroglio, l'inganno e le situazioni in genere poco chiare), la bigamia occupa un posto particolare. È il caso di Giuseppe Salvatore Candido (San Severo, 11 gennaio 1952 alle 21:35), che si spaccia per agente segreto e porta a nozze, dopo averla ingravidata, una studentessa di 22 anni, servendosi di documenti falsi. Anche qui Nettuno gioca la sua parte, formando il vertice di un triangolo isoscele in cui riceve la quadratura di Sole e Luna. Patteggia una pena detentiva per bigamia.

I nazisti potrebbero forse costituire una sottocategoria di criminali nettuniani. Vediamo. Nel 1936 viene pubblicato un saggio di C. G. Jung intitolato *Wotan*[104], in cui il Maestro svizzero, fiutando lo spirito del tempo, avanza l'idea che in Germania con l'avvento di Hitler si fosse risvegliata l'antica divinità pagana "della tempesta e dell'ebbrezza": "Wotan, il viandante, si era destato". Anche l'antisemitismo era dovuto alla presenza di Wotan: "il motivo del viandante che non ha accettato Cristo fu proiettato sugli ebrei... In tutti i casi la coincidenza dell'antisemitismo con il risveglio di Wotan è una finezza psicologica che forse vale la pena di ricordare." Ma non è tutto, perché il dio è anche "un potente incantatore e illusionista, versato in tutti i segreti della natura occulta". Mi azzardo quindi ad avanzare l'ipotesi che i criminali nazisti di tipo nettuniano si sentissero in qualche modo posseduti, direi afferrati, da Wotan "che è uno che afferra, cioè che possiede gli uomini".

Come è potuto succedere tutto questo? Ancora una volta Jung, a guerra appena terminata, propone un'acuta considerazione:

«Mentre da tempi immemorabili la natura era sempre stata animata, ora viviamo invece in una natura inanimata e priva di dèi. Nessuno potrà negare l'importanza che le potenze dell'anima umana, personificate negli "dèi", hanno avuto in passato. Un semplice atto illuministico è basato a eliminare gli spiriti della natura, ma non i fattori psichici corrispondenti ... I demoni non sono realmente scomparsi: hanno soltanto mutato aspetto. Ora sono diventati potenze psichiche inconsce.[105]»

Josef Mengele (Günzburg, 16 marzo 1911 alle 11:45), medico, criminale nazista, "Angelo della Morte" ad Auschwitz, responsabile di orribili esperimenti e del massacro di migliaia di ebrei. Sole in

---

[104] C. G. Jung, *Wotan*, Opere, Vol. X/1, Boringhieri, Torino, 1985, p. 277. Citazioni virgolettate tutte provenienti dal saggio di Jung.
[105] C. G. Jung, *Dopo la catastrofe*, Opere, Vol. X/2, Boringhieri, Torino, 1986, p. 31.

trigono a Nettuno, Mercurio in trigono a Nettuno, Venere in quadratura a Nettuno e Giove in trigono a Nettuno, quest'ultimo congiunto all'Ascendente. A guerra finita, sfugge alla cattura e si rifugia in Sudamerica dove morirà in Brasile nel 1979.

Adolf Eichmann (Solingen, 19 marzo 1906 alle 19:30). Squallido contabile e meticoloso organizzatore del genocidio del popolo ebraico. Fugge in Argentina, dove verrà catturato dai servizi segreti israeliani, portato in Israele, processato e condannato a morte.

Julius Streicher (Fleinhausen, 12 febbraio 1885 alle 10:15). Instancabile istigatore dell'odio razziale verso gli ebrei, sul suo settimanale *Der Stürmer* diffonde false notizie di ogni genere per screditarli, accusandoli di ogni sorta di abominio, creando l'humus pseudoculturale su cui successivamente si alimenterà il progetto dell'olocausto. Condannato a morte dal Tribunale militare internazionale di Norimberga.

Martin Bormann (Halberstadt, 17 giugno 1900 alle 22:45). Capo della segreteria del partito nazista e segretario particolare di Hitler. Condannato a morte in contumacia dal Tribunale militare internazionale di Norimberga. Il suo cadavere, risalente al maggio 1945, fu rinvenuto a Berlino nel 1972 durante lavori di scavo presso la ferrovia. Suicida con capsula di cianuro.

Albert Speer (Mannheim, 19 marzo 1905 alle 11:15). Primo architetto del Reich nazista, poi Ministro degli armamenti e dell'industria bellica. In questa mansione, utilizza prigionieri di guerra dell'Europa orientale come lavoratori-schiavi. Condannato a 20 anni di carcere dal Tribunale militare internazionale di Norimberga. Si dichiara pentito, pur affermando di ignorare sia i piani che l'attuazione del genocidio ebraico (in realtà è successivamente emerso che ne era a conoscenza). Figura ambigua, sconta integralmente la pena detentiva nel carcere di Spandau e guadagna grande notorietà con la pubblicazione di due libri, *Memorie del Terzo Reich* e *Diari segreti di Spandau*.

ARTE NETTUNIANA: I PITTORI

Nell'affrontare la tematica dell'arte nelle sue svariate manifestazioni, è necessario ancora una volta riprendere il concetto di *participation mystique*, come aveva pionieristicamente compreso Jung, forse troppo in anticipo sul suo tempo: «Il tornare a immergersi nello stato primigenio della *participation mystique* è il segreto della creazione e dell'azione artistica, poiché a questo livello dell'esperienza non è più in causa il singolo soltanto, ma la collettività, e qui non si tratta più del bene o del dolore del singolo, ma della vita della collettività. Perciò la grande opera d'arte è obiettiva e impersonale e ci tocca nel più profondo.[106]»

Alcuni astrologi, mutuando un concetto musicale, vedono Nettuno come "ottava superiore" di Venere.[107] In questa ottica, il pianeta viene associato alla creatività artistica, con un senso estetico particolarmente raffinato, nella musica, danza e pittura.[108] Per quanto riguarda quest'ultima, è comunemente riconosciuto l'abbinamento dell'impressionismo al tema dell'acqua. Tuttavia, per quanto Nettuno appartenga a pieno titolo all'elemento Acqua, come s'è visto, il pianeta si presta in particolar modo ad essere collegato alla corrente del simbolismo, proprio in virtù della *participation mystique* che gli è propria.

Dall'enciclopedia *L'UNIVERSALE* traggo la seguente note:

«La sensibilità simbolista esplora le dimensioni più profonde e misteriose dell'esistenza, come quella dell'erotismo, cerca l'evasione nel mondo del sogno e dell'immaginazione e nell'evocazione di passati mitologici o mistici o di contrade esotiche, attingendo anche

---

[106] C. G. Jung, *Psicologia e poesia*, cit., p. 378.

[107] Non così André Barbault, che considera Nettuno l'ottava superiore di Giove.

[108] «Le persone segnate da Nettuno sono spesso artisti, pittori, poeti, musicisti di grande sensibilità e delicatezza.» (H. A. Strauss, *Psychologie und astrologische Symbolik*, cit., p. 102).

all'ultraterreno e all'esoterismo. Sull'esempio degli scrittori suoi contemporanei, il pittore simbolista preferisce lo spirituale al materiale, l'irrazionale al razionale.[109]»

In questa piccola rassegna di pittori considerati simbolisti dai critici, ciascun artista nel prosieguo del testo verrà accompagnato da un breve virgolettato tratto, salvo diversamente specificato, dai due volumi dell'enciclopedia *L'Universale* dedicati all'Arte.[110]

Paul Gauguin (Parigi, 7 giugno 1848 alle 10:00) e il suo vagabondaggio marinaro, avanti e indietro tra Europa e i paradisi dei mari del Sud, con il suo esotismo e sottile erotismo.

James Ensor (Ostenda, 13 aprile 1860 alle 4:30), rifiutato dalla critica ufficiale, "si inoltrò in solitudine nel mondo del fantastico e del grottesco."

Dante Gabriele Rossetti (Londra, 12 maggio 1828 alle 4:30) fonda la Confraternita dei Preraffaelliti, dalla pittura sensuale e simbolica. "Un miscuglio di sensualità e inquietudini che preannuncia il decadentismo."

Walter Crane (Liverpool, 15 agosto 1845, sconosciuta l'ora) subisce l'influsso dei Preraffaelliti. Acquista notorietà grazie ai suoi disegni decorativi. Celebre il suo dipinto a olio "I cavalli di Nettuno". "Le sue composizioni, dalla linea agile e flessuosa, ricchissime di motivi vegetali e animali, sono tipiche realizzazioni del gusto art nouveau."

Ferdinand Hodler (Berne, 14 marzo 1853 alle 5:00). "Il simbolismo di Hodler porta con sé la forte impronta del panteismo che caratterizza il suo credo religioso.[111]"

Antoine Wiertz (Dinant, 22 febbraio 1806 alle 21:00). L'artista suscitò l'interesse del medico e antropologo Cesare Lombroso il quale, da buon Scorpione, con la sua vastissima opera non smentì la propria naturale inclinazione a scavare nelle recondite pieghe della psiche di criminali e malati mentali. Lo scienziato dedicò al pittore uno studio apparso sulla rivista *Emporium* n. 25 (gennaio 1897). Esaminiamo in primo luogo la genitura di Wiertz.

---

[109] Arte, vol. II, p. 1148.
[110] Garzanti, Milano, 2003.
[111] Michael Gibson, *The symbolists*, Harry N. Abrams, Inc., New York, 1988, p. 91.

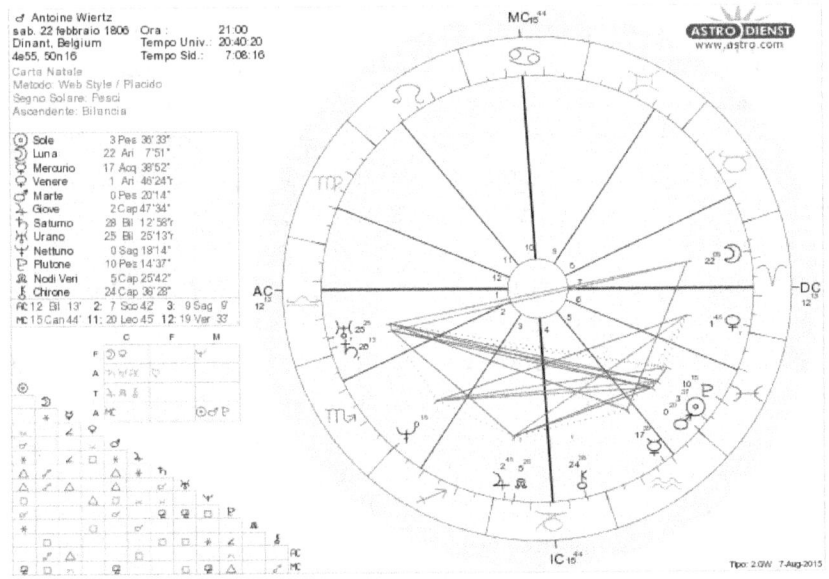

Il Sole si trova in Pesci e, dalla casa V legata alla creatività, lancia parecchi aspetti, tra cui una stretta quadratura a Nettuno governatore del segno zodiacale. Il Sole è inoltre parte essenziale della triplice congiunzione Marte-Sole-Plutone e sembra fungere da trasmettitore di violente energie marziali tese a fondersi con le oscure energie plutoniane. Una combinazione indubbiamente delicata. La critica d'arte afferma testualmente: "Acquistò vasta fama con dipinti raffiguranti scene violente e talora truculente dipinte con analitica cura dei particolari ed effetti luministici di sapore surreale (*Il suicida; Fame, follia e delitto; Il sepolto vivo*).[112]"

Lombroso, da parte sua, dopo avere attentamente studiato diverse tele di Wiertz, lo definisce "pittore simbolico del movimento moderno e mistico poeta delle teste decapitate" e rileva la presenza nel pittore di una vena di pazzia accanto a una vena mistica: "Qui c'è il senso della modernità, ma il misticismo ancora più grande e soprattutto la tetra scelta dei temi, che sfuggono, è vero, alla mediocrità, ma anche al piacere dei più e che rispecchiano molto di più il pensiero neofilo sì, ma insieme torbido e pazzesco dell'autore.[113]"

---

[112] *L'Universale*, Arte, cit. p. 1298.
[113] Cesare Lombroso, *Genio e pazzia nell'opera di Wiertz*, Emporium n. 25, gennaio 1897, p. 4.

Félicien Rops (Namur, 7 luglio 1833 alle 8:30). "L'elemento erotico, osceno, sacrilego, sostenuto da un'ispirazione romantico-simbolista divenne comunque il più tipico connotato della sua opera." Astrologicamente parlando, il senso di orrore e di disgusto che si prova contemplando certe sue produzioni sono a mio avviso riconducibili alla stretta quadratura tra Sole e Plutone.

Jean Delville (Leuven-Louvain, 19 gennaio 1867 alle 2:00). Esoterista, seguace del movimento teosofico. "Il principale tema dei suoi quadri, specialmente agli inizi, tratta l'iniziazione la trasfigurazione dell'anima verso un elevato obbiettivo spirituale. In specie, trattano temi che simboleggiano l'amore ideale, la morte e la trasfigurazione, come pure rappresentazioni degli Iniziati ("portatori di luce") e il rapporto tra le dimensioni materiali e quelle metafisiche.[114]" Nel caso di Delville, la simbolica nettuniana si combina armonicamente con quella plutoniana, il cui influsso è possibile ravvisare sia nell'Ascendente in Scorpione che nell'angolarità ravvicinata di Plutone al Discendente.

Fernand Khnopff (Grembergen, 12 settembre 1858, sconosciuta l'ora). "Uno dei più raffinati esponenti del simbolismo figurativo europeo, non senza sfumature misticheggianti che gli venivano dal rapporto con i Rosacroce." Assai famosa la sua tela a olio "La carezza" in cui un giovane greco in atteggiamento pensoso è raffigurato guancia a guancia con una sfinge dal corpo di leopardo, quasi a raffigurare l'intima armonia del soggetto con la sua componente istintuale-animalesca.

Jan Toorop (Purworedjo, 20 dicembre 1858 alle 3:00). "In pittura affrontò temi diversi, passando dall'impegno sociale e umanitario degli anni 1880-90 a motivi allegorico-simbolici e religiosi dopo la conversione al cattolicesimo."

František Kupka (Opočno, 23 settembre 1871, sconosciuta l'ora). Interessato all'occultismo e all'astrologia.[115] La sua ricerca si focalizza sull'uso e la composizione del colore.

Gustave Moreau (Parigi, 6 aprile 1826 alle 9:00). Riferendosi alla sua produzione, la critica parla di "clima sensuale e misticheggiante a un tempo: il mito, la storia, il racconto biblico vi si fondono in modo suggestivo, e il naturalismo coscienzioso viene

---

[114] Cfr. Wikipedia inglese (consultato l'8/6/2015).
[115] Michael Gibson, *The symbolists,* cit., p. 153.

travolto dalla delirante fantasia dell'insieme. ... La sua opera, importante nel panorama dell'estetismo decadente e simbolista, svolse una notevole funzione ispiratrice nei confronti del surrealismo..."

Giovanni Segantini (Arco, 15 gennaio 1858 alle 8:00). Applica la tecnica del divisionismo alla terza fase della sua produzione artistica, che i critici fanno decorrere dal 1890-91, contrassegnata dall'approdo a un simbolismo vero e proprio.[116]

Raffaello Sanzio (Urbino, 28 marzo 1483 alle 21:30). Lo storico dell'arte Stefano Zuffi definisce Raffaello «l'artista che nei brevi anni della sua vita ha raggiunto l'equilibrio sottile e prezioso di una serena perfezione, di uno stile naturale e ideale insieme, di una bellezza spontanea e incantevole. Sulla tomba dell'amico il poeta e cardinale Pietro Bembo ha scritto: "Qui giace Raffaello. Mentre era vivo, la Natura credette di essere vinta. Ora che è morto, teme di morire a sua volta." L'epigrafe mette in chiaro il punto nodale della grandezza di Raffaello: la meravigliosa ma anche misteriosa e davvero inimitabile osmosi tra arte e natura, che rende impossibile tracciare una linea di demarcazione tra osservazione della realtà e 'idea'.[117]» Riferendosi alla *Madonna Sistina* (Dresda, Gemäldegalerie) e alla *Santa Cecilia* (Bologna, Pinacoteca Nazionale), un altro critico scrive che «l'artista arriva a coniugare il massimo di illusionismo e di realismo "mimetico" con la più alta idealizzazione delle immagini, concepite come diretta "epifania" del sovrannaturale (*Madonna Sistina*) o come rappresentazione della contemplazione estatica (*Santa Cecilia*).[118]»

Alcuni quadri di impronta simbolista sono: *Edipo e la sfinge* di Gustave Moreau, *La perdita della verginità* di Paul Gauguin, *Autoritratto circondato da maschere* di James Ensor, *Beata Beatrice* di Dante Gabriele Rossetti, *I cavalli di Nettuno* di Walter Crane, *Notte* di Ferdinand Hodler, *La lettrice* di Antoine Wiertz, *Pornocrati* di Félicien Rops, *Parsifal* di Jean Delville, *La sfinge* di Fernand Khnopff, *Le tre spose* di Jan Toorop, *Bagnanti* di František Kupka,

[116] Beat Stutzer e Roland Wäspe (ed.), *Giovanni Segantini*, Hatje, Ostfildern, 1999, p. 140.
[117] *Raffaello*, Gruppo editoriale L'Espresso, Roma, 2006, p. 14.
[118] *L'UNIVERSALE – ARTE*, Vol. 2, Garzanti, Milano, 2003, p. 1014.

Ofelia di Odilon Redon, *L'amore alle fonti della vita* di Giovanni Segantini.

Riferendosi ai poeti, così si esprime Jung: "Ma il poeta vede talvolta le forme del mondo notturno, gli spiriti, i demoni e gli dèi, il segreto amalgamarsi del destino umano con le intenzioni soprannaturali e le cose inafferrabili che si compiono nel pleroma.[119]»

Transitando pertanto dall'arte visiva alla letteratura, occorre preliminarmente porsi il quesito di quali siano le caratteristiche tipiche di un poeta o scrittore nettuniano. In qualche modo, associandolo al simbolismo, abbiamo visto che il pittore presenta alcune particolarità che la critica ha identificato come ricorrenti e caratterizzanti un certo stile di pittura. In via di prima approssimazione, si può quindi ipotizzare un istintivo abbinamento con il Romanticismo che, in effetti, è un movimento il quale, pur partendo dalla letteratura, interessa tutti i campi della vita politica, sociale, religiosa, artistica.

La critica letteraria – incapace di ingabbiare in una formula precisa un movimento complesso che assumeva vesti diverse in rapporto al Paese di diffusione – si è sforzata, più che di definire, di proporre alcune parole chiave[120]: il riconoscimento dei "diritti della fantasia ai regni del soprannaturale" e l'interpretazione della poesia come "effusione del sentimento". Nell'animo del poeta romantico confluisce "il misterioso operare di forze infinite nel seno della natura", la poesia vive di un "mondo di sogno, di mistero, di infinito", "perché accoglie le voci profonde l'Io e dell'anima popolare". "La poesia romantica, mossa da un irresistibile slancio verso l'infinito, si tuffa nell'universo".

Vediamo subito come queste parole o concetti chiave collimino alla perfezione con le connotazioni del poeta nettuniano secondo gli astrologi Barbault e Carteret:

---

[119] C. G. Jung, *Psicologia e poesia*, cit., p. 368.
[120] Nel prosieguo, le citazioni virgolettate s'intendono tratte, salvo diversamente specificato, da: Italo de Bernardi, *Disegno storico della letteratura italiana*, Società Editrice Internazionale, Torino, 1964, pp. 509 e seg.

«Il poeta si abbandona incontrollatamente alle effusioni della propria natura, con gran brio. Essa riversa un fiotto ispiratore; è la facilità, il regno del lirismo. Contrariamente alla ricerca della densità, ecco prodursi un'invasione, un'inflazione psichica; l'anima del poeta è anche l'anima delle cose, tutto un mondo nascosto, invisibile, il mondo del subconscio e dell'inconscio, il mondo dell'infinito. Non c'è quindi più nessuna tecnica. È l'immediatezza della poesia, la fiducia di un'anima, è qualche cosa d'inafferrabile, sono delle sensazioni, emozioni, impressioni, sfumature... Un'atmosfera, una tonalità, un colore indicibile con precisione, uno stato mistico di partecipazione universale in cui il poeta e la natura sono un tutt'uno. Il tema poetico è allora un'impalpabile canzone dai ritmi sfuggenti e fluidi, un impressionismo di suoni e di immagini. Poco importa la parola, la forma, la cosa... l'espressione è tutta nella suggestione, nell'evocazione dell'alone che circonda e anima la musica interiore. Nettuno sviluppa in tal modo *il lato affettivo, irrazionale e inconscio dell'arte.*[121]»

E ora la consueta piccola rassegna di poeti e scrittori nettuniani, per lo più romantici.

William Wordsworth (Cockermouth, 7 aprile 1770 alle 22:00). Scrive, insieme a Samuel Taylor Coleridge, *Ballate liriche*, manifesto del romanticismo inglese.

Novalis (Oberwiederstedt, 2 maggio 1772 alle 6:00). "La sua grandezza sta soprattutto nella poesia, nella facilità con cui si abbandona ai voli della fantasia, nella limpidezza e determinatezza ch'egli sa dare al suo aereo mondo di sogno, nell'ingenuità vibrante dei suoi entusiasmi e dei suoi mistici ardori, nella sua parola di veggente, ricca di echi.[122]"

Giacomo Leopardi (Recanati, 29 giugno 1798 alle 15:00). «"Storia di un'anima". Così Leopardi stesso scrive della sua opera, testimonianza immensa dell'uomo, del suo spirito errante, alla ricerca, nel silenzio del mondo, di una voce che infine sappia svelare il senso nascosto delle sorti umane. Nel mistero del cosmo ecco l'uomo interrogare la natura, madre e nemica ad un tempo, e se

---

[121] André Barbault & Jean Carteret, *Analogies de la dialectique Uranus – Neptune*, Éditions Traditionnelles, Paris, 1985, p. 31. Ristampa dell'edizione originale del 1950.

[122] Cfr. sito internet dell'Enciclopedia Treccani (consultato il 9/6/2015).

medesimo sulle origini della propria miseria.[123]» Curiosamente, all'età di 18 anni Leopardi scrisse un *Inno a Nettuno*, poemetto in endecasillabi sciolti.

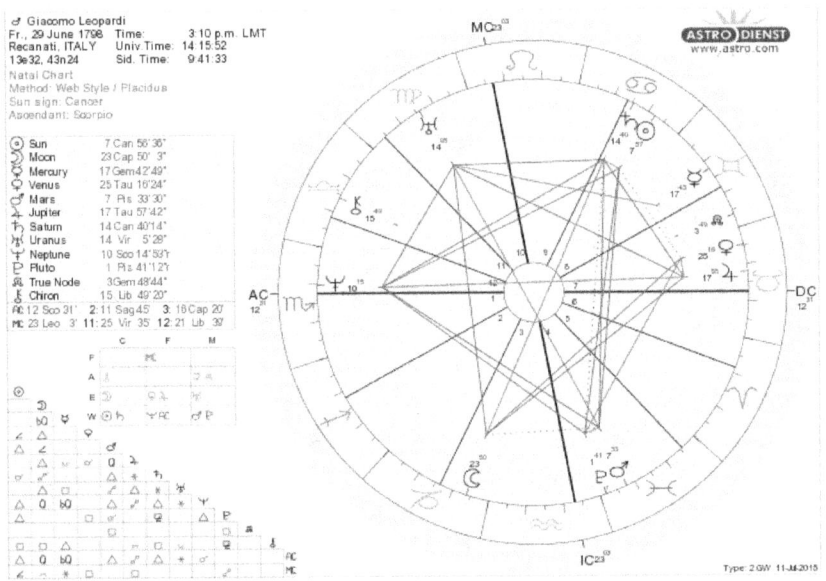

Victor Hugo (Besançon, 26 febbraio 1802 alle 22:30). «Lo psicoanalista Charles Baudoin non esita ad affermare che Hugo a Jersey abbia conosciuto uno stato "sonnambolico" propriamente mistico, a cui dovette le sue supreme ispirazioni, e che aveva un "Io inflazionato" che assimilava alcuni elementi della psiche collettiva che gli facevano provare la sensazione di partecipare all'infinito.[124]» Lo scrittore, durante l'esilio a Jersey, per due anni aveva partecipato a sedute spiritiche allo scopo di entrare in contatto con la defunta figlia Léopoldine.

Gérard de Nerval (Parigi, 22 maggio 1808 alle 20:00). Cerca di placare l'irrequietudine mediante il vagabondaggio in paesi stranieri, attraversa crisi di follia e viene internato due volte, muore suicida a 46 anni. «Poeta e narratore romantico e visionario, la sua opera – per la ricchezza dei riferimenti simbolici, onirici ed esoterici, che

---

[123] Cfr. sito internet dell'Enciclopedia Treccani (consultato il 9/6/2015).
[124] André Barbault, *Uranus-Neptune Pluton*, Éditions Traditionnelles, Paris, 2002, p. 100.

definiscono violentemente la sua allucinata psicologia – occupa un posto a sé nella produzione letteraria del XIX secolo…[125]»

Paul Verlaine (Metz, 30 marzo 1844 alle 21:00). Considerato "poeta maledetto", conduce una vita errante, instabile e da alcolizzato, viene condannato al carcere per avere sparato all'amico Arthur Rimbaud e in seguito si converte al cattolicesimo. Precursore del simbolismo letterario.

Stefan Anton George (Büdesheim, oggi quartiere di Bingen am Rhein, 12 luglio 1868 alle 15:00). frequenta a Parigi i poeti simbolisti e successivamente crea il proprio cenacolo, il *George-Kreis*, di cui diventa il centro propulsore e "Il Maestro". "Il poeta è, per George, sacerdote e maestro di una nuova mistica, che oppone il sublime eterno alla passionalità del contingente.[126]"

Maurice Maeterlinck (Gand, 29 agosto 1862 alle 8:30). Poeta, drammaturgo, scrittore. «Al Maeterlinck, studioso dei mistici medievali e traduttore di J. Ruysbroek, l'esistenza umana appare come un labile e sonnambolico variare di fenomeni appariscenti ma vani, di cui l'uomo comune non afferra se non le forme esteriori, mentre essi non sono che le effimere manifestazioni di un'anima segreta, essenzialmente unica, universale ed eterna, che è al fondo di tutti gli esseri e di tutte le cose: illusoria è pertanto la credenza delle creature nella propria libertà e volontà, laddove esse sono fatalmente schiave d'una forza oscura, insondabile e irresistibile, da cui tutte sono tratte nel gorgo della morte.[127]»

Guillaume Apollinaire (Roma, 26 agosto 1880 alle 5:00). Precursore del surrealismo, inventa un originale componimento poetico, un misto tra disegno e parole, a cui dà il nome di "calligramma", contrazione di calligrafia e ideogramma.

---

[125] Cfr. sito internet dell'Enciclopedia Treccani (consultato il 10/6/2015).

[126] *L'UNIVERSALE* – LETTERATURA, Milano, 2003, p. 400.

[127] Cfr. sito internet dell'Enciclopedia Treccani (consultato il 31/7/2015)

Virginia Woolf (Londra, 25 gennaio 1882 alle 12:15). Scrittrice e saggista, fa parte del gruppo chiamato *Bloomsbury set*, punto di riferimento culturale della Londra intellettuale. Soggetta a ricorrenti crisi depressive, si suicida a 59 anni lasciandosi annegare in un fiume.

Edwin Morgan (Glasgow, 27 aprile 1920 alle 11:30). Scozzese, primo poeta laureato di Glasgow (1999), e primo poeta nazionale scozzese (2004), considerato tra i grandi del secolo scorso. Pressoché impossibile da incasellare, «i suoi versi si dirigevano a tematiche come gli incontri con astronavi ed extraterrestri, ma potevano anche riguardare qualcosa appena letto sul giornale o il contatto con la realtà in una strada di Glasgow.[128]». Obiettore di coscienza, chiede di essere inquadrato nel corpo militare della sanità durante la II guerra mondiale. Vince un premio (2001) come miglior traduttore dal francese, tedesco, italiano, russo ed ungherese.

---

[128] Necrologio apparso su *The Telegraph*, 19/8/2010

MUSICISTI E COMPOSITORI

Rivolgiamo ora l'attenzione ai musicisti e ai compositori. Il romanticismo, termine che troviamo in musica a partire dal giurista, poeta, scrittore, disegnatore, compositore e direttore di orchestra E. T. A. Hoffmann, non poteva non interessare anche la musica. Il romanticismo musicale inizia quindi contemporaneamente a quello letterario, ovviamente mostrando proprie specificità. Leggiamo:

«In Jean Paul e in E. T. A. Hoffmann, le immagini della natura e i profumi si fondono in uno con i brividi dell'aldilà e gli accordi dell'arpa eolia. ... La musica viene intesa come ciò che è essenzialmente irreale e apparente ... Così la musica schiude i segreti del *cosmo*, anzi, diventa essa stessa *forza cosmica*. ... Nell'universo stesso c'è della musica assopita, una specie di risurrezione romantica di antichissime concezioni di armonia delle sfere. ... Per questo nella lirica romantica che si nutre di castelli in rovina e di giardini incantati, risuonano gli strumenti "vicini alla natura", il corno da caccia, il flauto, il clarinetto. ... *Il musicista deve sentirsi uno con il tutto, attraverso le voci della natura deve sentire in sé i fremiti dell'aldilà, e deve egli stesso diventare voce dell'universo.*[129]»

Wolfgang Amadeus Mozart (Salzburg, 27 gennaio 1756 alle 20:00). "L'opera di Mozart, che ... rappresenta certamente l'essenza del «classico» nella musica, ha in seguito accolto in misura sempre crescente gli effetti stimolanti di colori cupi, d'improvvise fluttuazioni di sentimenti, di sorprendenti offuscamenti e schiarite, d'inebriante sensualità armonica e d'ironia crepuscolare, e via dicendo, sia nelle opere teatrali, sia nelle musiche strumentali.[130]" Mozart era affiliato alla massoneria, per la quale compose alcune opere, fra cui spicca *Il flauto magico*.

Frédéric Chopin (Zelazowa Wola, 1 marzo 1810 alle 18:00). Considerato un grande romantico, riesce tuttavia a fondere motivi

---

[129] *Dizionario enciclopedico universale della musica e dei musicisti*, Vol. IV, Utet, Torino 1984, p. 141, 142. Sottolineature mie.
[130] *Idem*, p. 139.

del classicismo con le nuove atmosfere che si andavano affermando in campo musicale. "Chopin è il compositore dei *Notturni*, dove la musica è uno stato d'animo dalla sensibilità diffusa, un invito a sfoghi crepuscolari dentro le armonie della sera, l'ora in cui tutto svanisce, si diluisce e si eclissa.[131]"

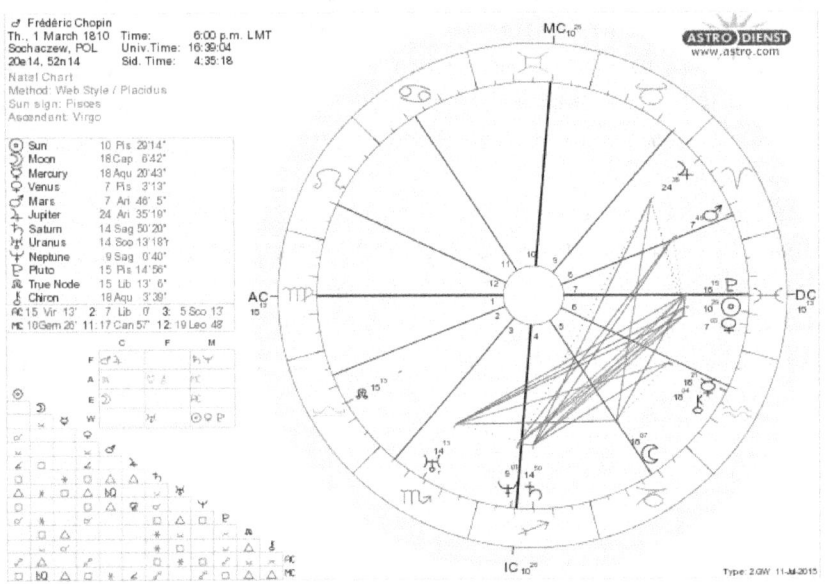

Franz Schubert (Vienna, 31 gennaio 1797 alle 13:30). Famoso per i suoi *lied*. "La sua musica sembra un desiderio protratto, modulato verso una vaghezza, un lontano, un aldilà, un altro mondo.[132]"

Robert Schumann (Zwickau, 8 giugno 1810 alle 21:30). Anch'egli compositore di *lied*, "Robert ha un'anima fine, vibrante, è un essere sognante, immaginativo, lunatico iperemotivo, al punto da diventare alla fine un allucinato che si butta nel Reno (scelta di un suicidio in acqua).[133]"

Alexandre Georges (Arras, 25 febbraio 1850 alle 7:00). Musicista da chiesa, organista, compositore, maestro di cappella.

---

[131] André Barbault, *L'univers astrologique des quatre éléments*, cit., p. 259.
[132] *Idem*, p. 256.
[133] *Idem*, p. 261.

Maurice Ravel (Ciboure, 7 marzo 1875 alle 22:00). Uomo riservato, difficilmente decifrabile. Famosissimo il suo *Bolero*, orientaleggiante, ripetitivo, quasi ossessivo. Il pianista Ricardo Viñes lo ricorda così: "Per quanto riguarda l'opinione, addirittura l'affermazione, che Ravel era politicamente collocato all'estrema sinistra, devo ammettere che mi pare che la vera essenza dell'uomo mi è sempre sembrata resistere a qualsiasi definizione e che il suo carattere complesso, addirittura contraddittorio, rende assurdo qualsiasi tentativo di classificarlo.[134]" Troviamo risonanze oceaniche in *Ondine, Jeux d'eau, Une barque sur l'ocean, Les grands vents venus d'outremer.*

Stevie Wonder (Saginaw, Michigan, 13 maggio 1950 alle 16:15). Musicista, compositore, cantautore, star della musica pop. Il misterioso album *The secret life of plants.*

Lucio Dalla (Bologna, 4 marzo 1943 alle 8:15). Musicista, compositore, cantautore, attore. Famosa la sua canzone *Com'è profondo il mare.*

---

[134] Ricardo Viñes, *La Révue musicale,* Parigi, dicembre 1938.

LA DANZA DI NETTUNO

Un forte Nettuno non poteva mancare nella carta del cielo di nascita dei coreografi, danzatori e danzatrici più fantasiosi e innovativi.

Ruth St. Denis (Newark, New Jersey, 20 gennaio 1878 alle 00:05) Le sue coreografie incontrano un enorme successo, ispirandosi a una visione spirituale legata all'Oriente. "Ruth St. Denis ha completamente cambiato il concetto della danza orientale presso gli europei e gli americani. ... Iniziò profondamente convinta circa le possibilità spirituali di questa forma espressiva, si lasciò impregnare dall'insegnamento indiano ed egiziano e degli altri paesi che desiderava proporre al suo pubblico, si era trovata in completa armonia con l'arte e la religione dell'Oriente, e le sue danze nacquero sempre dal desiderio di manifestare un messaggio costruttivo.[135]"

Martha Graham (Pittsburgh, Pennsylvania, 11 maggio 1894 alle 6:00) considerata la più grande coreografa e danzatrice americana. "Per Martha Graham la danza, similmente all'arte drammatica, è in grado di esplorare l'essenza emotiva e spirituale degli esseri umani.[136]" L'artista sembrava avere una particolare sensibilità nel discernere occulte presenze. Nella sua autobiografia racconta di essere andata in visita nella casa di Martha's Vineyard dall'amica Katharine Cornell, al tempo un'attrice famosa. "La prima volta che mi ci recai, quando Katharine venne ad aprirmi, rimasi immobile, ma ciò che provavo non aveva nulla a che vedere con la sua bellezza. A kit, che era alquanto stupita dal mio atteggiamento, dissi: «Avverto la presenza di Laura Elliot in questa casa.». «Oh Martha, sì» rispose Kit. «È sepolta nel giardino». Non lo sapevo, non avevo la più pallida idea che Laura Elliot, una cantante che aveva insegnato alla Neighborhood School, fosse mai stata a Martha's Vineyard. Ma queste cose mi sono sempre accadute, sin da bambina. Sono sempre stata consapevole di presenze invisibili attorno a me, ho sempre

---

[135] Ted Shawn, *Ruth St. Denis: pioneer and prophet,* Vol. I, John Henry Nash, San Francisco, 1920, p. V, VI.

[136] Cfr. la voce *Martha Graham* dell'Enciclopedia Britannica.

percepito quel movimento. Non so come si possano definire, forse intuizioni o spiriti o energia che stimola il cosmo. Anche a casa mia avverto una presenza, so che c'è qualcosa. Non ci riconosciamo, ma apparteniamo alla stessa stirpe, allo stesso universo.[137]»

Ted Shawn (Kansas City, Missouri, 21 ottobre 1891 alle 10:39). Insieme alla moglie Ruth St. Denis fonda la Denishawn, scuola e corpo di ballo.

George Balanchine (San Pietroburgo, 22 gennaio 1904 alle 12:58). Danzatore e coreografo di fama internazionale.

Per mancanza di dati di nascita certi, non è stato purtroppo possibile esaminare le carte del cielo di famosissimi danzatori come Vaclav Nijinsky e Rudolf Nureyev, mentre Maurice Béjart non è a mio avviso classificabile tra quelli a impronta nettuniana.

---

[137] Martha Graham, *Memoria di sangue*, Garzanti, Milano, 1992, p. 142.

MURATORI DALLA FEDE INCROLLABILE

Succede pure che la fede riesca a smuovere le montagne, o meglio, a realizzare opere ritenute impossibili da qualsiasi persona di buon senso.

Prendiamo un modesto portalettere francese della seconda metà dell'Ottocento. All'età di 28 anni fa un sogno, che si vergogna di raccontare per timore di essere considerato pazzo. Vede se stesso mentre costruisce un grande palazzo, pur essendo ignaro di architettura e di tecnica muratoria. Trascorrono gli anni, senza che nulla accada, e un giorno, quindi anni più tardi, inciampa in una pietra. La osserva, la mette in tasca, si ricorda del sogno, viene afferrato da un'idea-forza che lo spinge a iniziare l'edificazione del suo "Palazzo ideale". Si mette al lavoro, raccoglie pietre e materiale di recupero e, senza alcun aiuto, dopo 33 anni completa l'opera. Uno strano miscuglio di stili con richiami a figure mitologiche di stampo egizio e indù, episodi biblici, vegetazione tropicale. È riuscito a costruire tutto da solo, ed è lì che vuole essere sepolto, ma la legislazione francese non lo consente. Pertanto, a 77 anni suonati, inizia la costruzione del suo mausoleo funebre, che lo tiene impegnato altri otto anni, e dove trova riposo e pace.

Quest'uomo si chiama Ferdinand Cheval, nacque a Charmes-sur-l'Herbasse il 19 aprile 1836 alle ore 5:00. La pazienza di Saturno, la fiducia di Giove, l'entusiasmo dell'Ariete e la fede di Nettuno, che colora di sé entrambi i luminari, hanno concorso a realizzare il sogno, non più una vaga illusione che svanisce alla luce del giorno, ma una pratica e concreta realtà.

La medesima fede ostinata e incrollabile, abita ancora oggi la persona di Justo Gallego Martinez di anni 89, essendo nato a Mejorada del Campo il 20 settembre 1925, sconosciuta l'ora. Da cinquant'anni si alza tutte le mattine alle 3:30 per lavorare, quasi sempre da solo – pur essendo privo di conoscenze tecniche – alla costruzione di una cattedrale, utilizzando materiali di recupero di ogni genere. Alcune sue dichiarazioni aiutano ad avvicinarci a questa straordinaria personalità, che la gente del luogo chiama "il santo muratore": «Non c'è un termine per la conclusione dell'opera. Mi accontento di offrire quotidianamente all'Altissimo il lavoro che mi richiede, e mi rende felice il pensiero di ciò che sono già riuscito a fare. Continuerò fino alla fine dei miei giorni a lavorare sulla cattedrale dedicandole tutte le mie risorse e con l'aiuto di donazioni. Tutto ciò che è fatto nel nome di Dio ci aiuta a contemplare il riflesso della Sua eterna gloria. ... La mia principale fonte di ispirazione e illuminazione è sempre stata la Parola di Cristo. È lui che mi guida, ed è a Lui che offro il mio lavoro, grato della vita che mi ha regalato, e in penitenza per quelli che non hanno seguito il Suo cammino.[138]»

---

[138] Cfr. il documentario *The madman and the cathedral* di James Rogan.

NETTUNIANI PROBLEMATICI

Si è notato che alcuni pittori e poeti nettuniani manifestavano segni di disturbo mentale. Non è facile abbinare una specifica patologia all'astro, sebbene André Barbault e Jean Carteret abbiano ipotizzato che la schizofrenia sia da considerare la psicosi tipo del nettuniano.[139] Boris Pâque nel suo *Traité d'astrologie* médicale si limita invece ad affermare genericamente: "In primo luogo occorre pensare ai vari disturbi derivanti da uno psichismo spesso debole o poco equilibrato; questo è verosimilmente il punto più debole del temperamento. … Abbiamo d'altronde visto che l'elemento nettuniano è il principale responsabile di nevrosi, rimozioni, manifestazioni neuropatiche, manie, sregolatezze, vizi, e di conseguenza degrado fisico e mentale, talvolta irrimediabili."[140] Vediamo ora alcuni casi di vario genere, tuttavia accomunati da un qualche agente patogeno che aggredisce l'Io e rende il soggetto inabile a disporre pienamente delle sue facoltà mentali, o lo priva di freni morali, ne provoca l'incapacità a distinguere tra bene e male, o lo rende facilmente aggredibile dall'emersione di archetipi dell'inconscio collettivo (in concomitanza a un Saturno debole, che non eserciti appieno la funzione di "guardiano della soglia"), e quindi purtroppo inadatto a vivere responsabilmente nella cornice di un determinato ambiente sociale.

C. G. Jung narra di avere intrapreso, a un certo punto della propria vita, il confronto con l'inconscio. Un viaggio nelle proprie interiorità che egli avvertiva gravido di pericoli, ma che non poteva in nessun modo evitare. Era consapevole che avrebbe potuto perdere il controllo di sé stesso ("i contenuti dell'inconscio avrebbero potuto farmi perdere la bussola", scrive in *RSR*), tuttavia non volle indietreggiare, perché sapeva di potersi mantenere saldo grazie alla realtà della sua professione e della sua famiglia. Queste costituirono per lui l'aggancio, l'ancora e il punto di forza che gli permisero di

---

[139] André Barbault & Jean Carteret, *Analogies de la dialectique Uranus – Neptune*, cit., p. 13, 14.
[140] Boris Pâque, *Traité d'astrologie médicale*, Éditions Flandre-Artois, Tourcoing, 1979, p. 70, 150.

non farsi travolgere dalle potenti immagini con cui entrava in contatto, e che riuscì a descrivere, anche grazie alle sue notevoli capacità di rappresentazione artistica, nel *Libro rosso*.

Passiamo ora in rassegna alcuni soggetti che, per un verso o per l'altro, hanno avuto una vita difficile, disordinata, travagliata.

Nikolaus Lenau (Csatád, 13 agosto 1802 alle 3:00). Poeta. "Di indole passionale e malinconica, condusse una vita nomade sospinto da una permanente inquietudine. Considerato tra i maggiori interpreti tedeschi della cosiddetta «poesia del dolore», fu dotato di una profonda sensibilità arricchita da un incessante lavorio d'immaginazione.[141]" Interessante l'annotazione dell'Enciclopedia britannica secondo cui Lenau "riconobbe che la sua incapacità di separare la sfera poetica da quella della vita reale costituiva tanto la fonte della sua depressione che la radice della sua arte.[142]" Trascorse gli ultimi sei anni della sua vita in una casa di cura.

Dino Campana (Marradi, 20 agosto 1885 alle 14:15). Poeta, vita problematica e vagabonda, internato più volte in ospedale psichiatrico, dove morirà dopo 14 anni di vita da recluso.

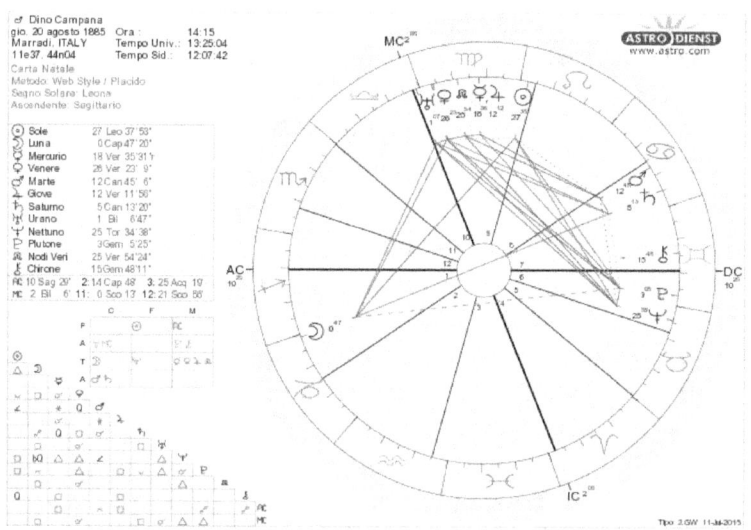

Robert Schumann, già menzionato in precedenza.

---

[141] Cfr. il sito internet dell'Enciclopedia Treccani (consultato il 15/6/2015).
[142] Cfr. Enciclopedia Britannica.

Virginia Woolf, già menzionata in precedenza.

Ludwig II, re di Baviera (Monaco di Baviera, 24 agosto 1845 alle 23:35). "Voglio restare un eterno enigma per gli altri e per me stesso" scrisse in una lettera il sovrano, dichiarato pazzo, detronizzato e morto in circostanze misteriose. Mecenate di Wagner e appassionato di architettura, fece costruire diversi castelli in Baviera.

Joan Kennedy (New York, 5 settembre 1935 alle 6:10). Prima moglie del senatore americano Ted Kennedy, alcolizzata, arrestata più volte per guida in stato di ebbrezza.

Romy Schneider (Vienna, 23 settembre 1938 alle 22:00). Attrice, emotivamente fragile, alcolizzata. Morte precoce, cause della morte non accertate.

Marilyn Monroe (Los Angeles, 1 giugno 1926 alle 9:30). Attrice, ricettacolo mondiale di proiezioni maschili. Carattere instabile, morte precoce in circostanze mai del tutto chiarite.

NETTUNO E LA POLITICA

Il 21 febbraio 1848 veniva pubblicato a Londra, in lingua tedesca, il *Manifesto del partito comunista*. Ne erano autori Karl Marx e Friedrich Engels. Le effemeridi planetarie di quel giorno espongono una stretta congiunzione Sole-Nettuno nel segno dei Pesci, ove facevano bella mostra di sé anche Mercurio e Saturno, a loro volta congiunti. Un degno corteo planetario dunque segnava la pubblica venuta al mondo di un'ideologia originariamente umanitaria, a difesa della classe operaia, spietatamente sfruttata da un capitalismo selvaggio nelle fabbriche sorte in Europa come funghi in conseguenza della rivoluzione industriale. In concomitanza con l'uscita del *Manifesto*, l'intero continente è scosso da moti rivoluzionari, veri e propri movimenti di popolo; decenni di studio del ciclo Saturno-Nettuno da parte di André Barbault inducono questo Autore ad abbinarlo a "spinte collettive, rivolte di massa, movimenti di liberazione e rivoluzioni.[143]"

Si è quindi portati a collegare il nettuniano all'area politica di "sinistra", schierato a difesa dei settori più deboli e bisognosi della società. In realtà, accanto ad esempi di soggetti concordanti con un orientamento collettivistico, utopistico e umanitario di Nettuno, troviamo anche politici decisamente di "destra" (pur se al giorno d'oggi, a seguito della caduta delle ideologie, una tale distinzione sembra aver perduto molto del suo originario significato). Barbault e Carteret avevano già puntualizzato questo fatto nel loro studio di 65 anni fa, scrivendo: "Non c'è un collegamento diretto tra tendenza planetaria e programma politico. L'atteggiamento che condiziona la tendenza può condurre su un altro piano rispetto a quello dell'orientamento politico. ... Quest'ultimo interviene solo quando l'orientamento generale del tema non vi si oppone.[144]"

Non dobbiamo pertanto meravigliarci se – accanto a un politico sicuramente di "sinistra" come Pippo Civati (Monza, 4 agosto 1975 alle 21:00) con Sole in trigono a Nettuno, Mercurio in trigono a

---

[143] André Barbault, *Prévisions astrologiques pour le nouveau millénaire*, Dangles, Saint-Jean-de-Braie, 1998, p. 42.

[144] *Op. cit.*, p. 26.

Nettuno, Venere in quadratura a Nettuno e Nettuno congiunto al MC –, troviamo un politico indubbiamente appartenente all'area di "destra" come Maurizio Gasparri (Roma, 18 luglio 1956 alle 5:45) con Sole in quadratura a Nettuno, Mercurio in quadratura a Nettuno, Venere in trigono a Nettuno, Urano in quadratura a Nettuno e Nettuno congiunto al Fondo Cielo. Mentre rimando all'elenco in appendice, per facilitare l'approfondimento della tematica, fornisco qui di seguito i dati anagrafici completi di alcuni personaggi saliti alla ribalta della scena politica contemporanea.

Aldo Moro (Maglie, 23 settembre 1916 alle 9:00) "cavallo di razza" democristiano e la sua politica di mediazione e avvicinamento al partito comunista, tragicamente interrotta dal suo rapimento e successivo assassinio.

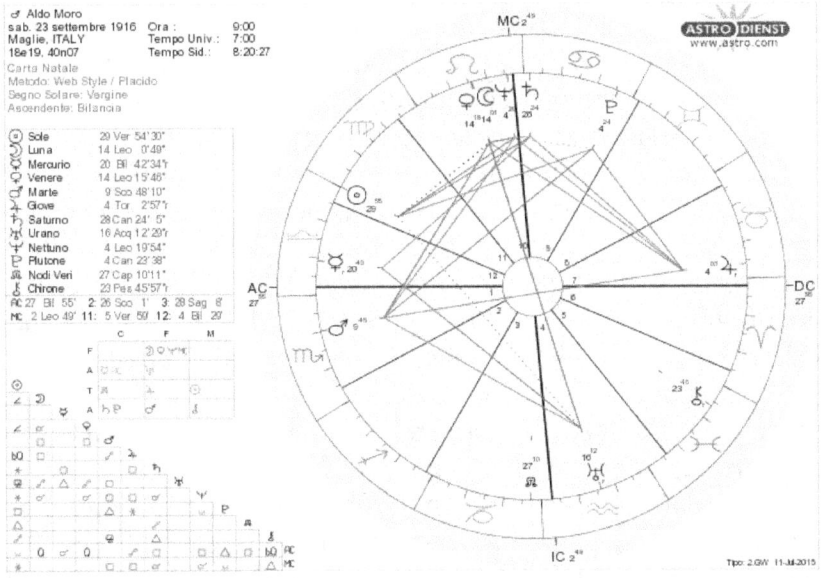

Daniel Cohn-Bendit (Montauban, 4 aprile 1945 alle 20:00). Leader nel 1968 della rivolta studentesca del "Maggio francese", attualmente politico e parlamentare europeo.

Wolfgang Schäuble (Freiburg im Breisgau, 18 settembre 1942 alle 11:45) ministro dell'economia tedesco.

Marco Pannella (Teramo, 2 maggio 1930 alle 2:34), le sue battaglie in favore della liberalizzazione della marijuana e i suoi scioperi della fame.

Roberto Formigoni (Lecco, 30 marzo 1947 alle 1:00) cattolico praticante, *memor domini* di Comunione e Liberazione.

Lech Walesa (Popowo, 29 settembre 1943 alle 3:30). "Uno dei più bei casi di un Nettuno possente è quello del polacco Lech Walesa... dalla quadruplice congiunzione Sole-Luna-Mercurio-Nettuno. Quando la congiunzione [celeste] Giove-Saturno del 1980-1981 transitò su quella quadruplice della nascita, diventò un personaggio di rilevanza mondiale, giocando un ruolo unico come capo del movimento Solidarnosc, che si ergeva di fronte al potere comunista del suo paese. In questo caso, la forza della massa, la potenza collettiva di Nettuno si volge contro il comunismo.[145]"

L'adesione incondizionata a principi di giustizia sociale di stampo marxista può assumere anche le sembianze di lotta rivoluzionaria, come è accaduto soprattutto nel continente latinoamericano nel corso del secolo XX. Che Guevara (Rosario, Santa Fe, 14 giugno 1928 alle 3:05), figura molto nota e molto amata, è entrato nel mito soprattutto come compagno di Fidel Castro, e come guerrigliero ed edificatore del socialismo a Cuba.

E mentre la carriera in campo economico e politico nonché la vita privata del Presidente emerito e senatore a vita della Repubblica Carlo Azeglio Ciampi (Livorno, 9 dicembre 1920 alle 21:30) risulta immacolata, non altrettanto si può dire dell'ex Presidente del Perù Alberto Fujimori (Lima, 28 luglio 1938 alle 9:00 – ora incerta), dichiarato decaduto dalla carica, perseguito dalla giustizia peruviana per reati gravissimi, condannato a 25 anni di reclusione che attualmente sconta in carcere. Entrambi espongono Nettuno strettamente congiunto all'Ascendente.

Le recenti vicende economico-finanziarie che hanno posto la Grecia al centro delle preoccupazioni dell'area euro dell'Unione Europea spingono l'osservatore a esaminare la carta del cielo del giovane premier greco Alexis Tsipras (Atene, 28 luglio 1974 alle 01:30). In essa fa bella mostra di sé il trigono Sole-Nettuno; a quest'ultimo la Luna è in avvicinamento in orbita di congiunzione, sia pure larga, e sempre Nettuno è tramontato da poco. Tsipras attualmente è il leader di Syriza, partito di sinistra, a sinistra del partito comunista greco, nel quale il giovane Alexis ha pure militato quando studiava all'università. Tsipras e la sua formazione trionfano

---

[145] André Barbault, *Uranus-Neptune Pluton*, cit., p. 36.

alle elezioni politiche greche del 25 gennaio 2015 e da quel momento si oppone alle misure di austerità imposte al Paese. La sua condotta durante le trattative con i vari organismi che avrebbero dovuto salvare la Grecia dalla bancarotta, e il suo ricorso al referendum popolare per approvare o respingere le severe misure imposte per "sistemare i conti della Grecia", fanno pensare all'abbacinamento delle facoltà logico-razionali di questo uomo politico, e all'illusione, tipicamente nettuniana, di riuscire a conseguire un risultato vantaggioso nelle serrate trattative con le dure controparti, ricorrendo al bluff.[146]

---

[146] Cfr. l'articolo *Da eversore a pragmatico* del 16/7/2015 a firma di Federico Fubini apparso sul sito internet de *Il Corriere della Sera*, (consultato il 16/7/2015).

ASTROLOGI NETTUNIANI

Mentre si può parlare di una scuola "uraniana" di astrologia (o scuola di Amburgo, fondata da Alfred Witte), non altrettanto si può certificare in merito all'esistenza di un'astrologia nettuniana. In effetti, ciascun astrologo interpreta l'astrologia in conformità alle caratteristiche del proprio tema natale, spesso senza rendersene del tutto consapevole.

Prendiamo il caso di Dane Rudhyar (Parigi, 23 marzo 1895 alle 1:00, orario rettificato da Rudhyar stesso alle 00:42). André Barbault ce ne consegna questo ricordo: «Rudhyar ... era un uomo affascinante, molto colto. Io sono uno "stretto", solo astrologo. Lui era un "largo", musicista, pittore, poeta. L'astrologia rappresentava solo una componente della sua vita, mentre io le ho dedicato tutta la mia vita. Rudhyar aveva Mercurio in Pesci, molto prominente, fatto per le grandi evasioni. Di grande apertura, pur essendo, curiosamente, chiuso. ... Quando gli parlai delle statistiche dei Gauquelin, mi ribatté: "Quella non è astrologia". ... Rudhyar non voleva sentirne parlare. Poiché si trattava di dare spessore all'astrologia e sistematizzarla, la cosa non gli piaceva per niente. Verso la fine della sua vita, nel numero de *l'astrologue* in cui interviene poco prima di morire, egli afferma che l'astrologia non ha nulla a che vedere con la scienza, la conoscenza, ecc. Allora che cos'è l'astrologia? Alla fine la sua visione s'è svaporata in una mistica galattica che si adatta bene alla quadratura del suo Mercurio-Pesci a Nettuno-Plutone sul Discendente. ... Si è diretto verso un'astrologia galattica che non conduce da nessuna parte. ... Bisogna prenderlo così com'è, e cioè un poeta dell'astrologia, un metafisico dell'astrologia. Non per nulla aveva Mercurio-Pesci in quadratura a Nettuno angolare. Si fa l'astrologia che corrisponde alla propria personalità.[147]»

---

[147] *L'astrologue* n. 161 – I trimestre 2008 – p. 55, 56, 57. Un numero speciale che raccoglie una lunga intervista ad André Barbault, eseguita in tre distinte riprese dall'astrologo e tarologo Fabrice Pascaud.

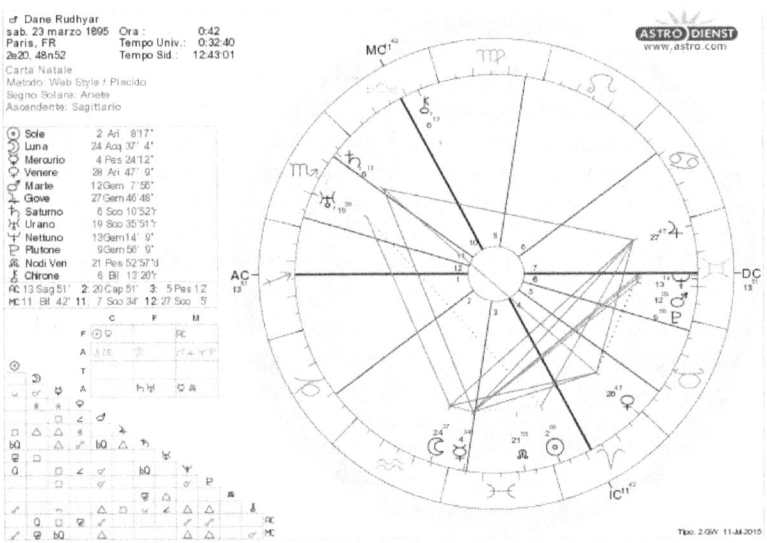

Alexandre Volguine (Novaya Praga, 3 marzo 1903 alle 5:45)
scrive, tra gli altri, un libro intitolato *L'esoterismo dell'astrologia*, e
nel 1937 viene pubblicato il suo *Tecnica delle rivoluzioni solari*
dove ripropone quello strumento previsionale, da tempo caduto in
disuso. Un capitolo del libro tratta inoltre la magia astrologica, in cui
fa rientrare anche lo spostamento di domicilio nel giorno del
compleanno, al fine di ottenere i più svariati favori del cielo e
stornare ogni sorta di pericolo.

John Addey (Barnsley, 15 giugno 1920 alle 8:15). Quacchero,
pacifista, dopo 20 anni di lavoro propone nel 1976 la teoria delle
armoniche che, agganciandosi alle ricerche dei coniugi Michel e
Françoise Gauquelin, avrebbe dovuto rivitalizzare l'astrologia. Non
è chiaro fino a che punto sia oggi seguita la teoria di Addey, e se le
sue armoniche siano concretamente utilizzabile per interpretare un
tema natale o per formulare previsioni.

Armand Barbault (Champoulet, 2 aprile 1906 alle 10:00).
Fratello maggiore di André Barbault, si dedica, oltre all'astrologia, a
varie discipline esoteriche come la geomanzia e i tarocchi. Conclude
la sua vita votandosi esclusivamente all'alchimia. Il ricordo di
André: «Armand, da parte sua, è anche un occultista interessato
all'esoterismo. … Mi rifaccio a mio fratello Armand, poiché a
quell'epoca, alla fine degli anni '30, per me lui conta molto. È un
nettuniano, un seguace di Guenon, con un certo rigore da ricercatore,

ma è piuttosto attirato dall'occulto, il paranormale, la magia; esercita la chiromanzia. ... Bisogna che vi dica che aveva una fede stupefacente. Mi parlò molto di alchimia, ma rimasi estraneo a questa disciplina. Leggeva libri ermetici, molto astrusi. Di mattina andava a raccogliere la rugiada e la sua compagna l'asseconda. È importante sapere che nella tradizione alchemica c'è la coppia alchemica. Non ci può essere l'alchimista uomo senza la donna alchimista.[148]»

Jean Carteret (Charleville Mézières, 27 marzo 1906 alle 10:00). André Barbault lo ricorda così: « Un giorno eravamo in un caffè. Nel tavolino vicino al nostro una donna dice: "Mi è capitata una tal storia, ho avuto un incidente d'auto." Carteret la sente, l'interrompe e le chiede se può inserirsi nella conversazione, e la signora non vi ravvisa alcun inconveniente. Su due piedi, Carteret comincia a raccontarle punto per punto lo svolgimento dell'incidente: "Lei non era alla guida..." La faccio corta, non mi ricordo più, ma lui le descrive tutte le circostanze dell'incidente! La signora era stupita, potete immaginarvelo. Un'altra volta, eravamo entrambi invitati da una signora. Entriamo per la prima volta nel suo salotto e Carteret le dice: "Ha avuto questa e quella cosa. Lì si trovava questa o quella..." *Faceva una specie di veggenza*, tuttavia spiegando analogicamente il perché delle sue affermazioni. Era Carteret...[149]»

È difficile presentare in poche parole al lettore italiano Oscar A. H. Schmitz (Bad Homburg, 16 aprile 1873 alle 12:00): basti dire che considerevole fu il suo successo come scrittore prolifico nei più svariati campi. Fu romanziere, saggista, drammaturgo, esoterista, astrologo. In quest'ultima sua sfera egli fu il precursore dell'astro-psicologia, forte forse della sua assidua frequentazione del pensiero di C. G. Jung e Alfred Adler. Nel 1923 scrisse un testo, *Psychoanalyse und Yoga*, che inviò al Maestro svizzero, il quale gli rispose con una lunga lettera che così concludeva: " Perdoni la mia schiettezza. Non ho mai scritto una lettera così lunga su un libro, dal che può desumere quanto il Suo libro sia per me essenziale.[150]" Partecipò a seminari di capitale importanza condotti dallo stesso

---

[148] *L'astrologue* n. 161 – I trimestre 2008, cit.

[149] *idem.* Sottolineatura mia.

[150] Lettera del 26 maggio 1923 indirizzata a Oscar A. H. Schmitz. La traduzione dal tedesco è mia.

Jung, come: *Analisi dei sogni* (1928/1930) e *Visioni* (che non poté seguire fino alla fine, essendo Schmitz deceduto nel 1931).

Jung scrisse anche nel 1932 una sentita prefazione, dopo la scomparsa del suo amico, a *La fiaba della lontra* che termina con queste parole: "In questa piccola fiaba egli racconta ai posteri come gli è andata e quali trasformazioni ha compiuto la sua anima prima di essere pronta a liberarsi delle sue spoglie per concludere l'esperimento della sua vita.[151]"

Sebbene sia improprio collocare la complessa figura dello Schmitz tra gli astrologi nettuniani, è nel quadro del suo interesse verso l'antica scienza degli astri che ho riportato nel capitolo "Letteratura astrologica" un brano tratto dal suo *Der Geist der Astrologie* (1922) in cui dimostra una notevole competenza della materia, anticipando – nella sua analisi del pianeta Nettuno – considerazioni che sarebbero state riprese in anni successivi da altri studiosi di valore.

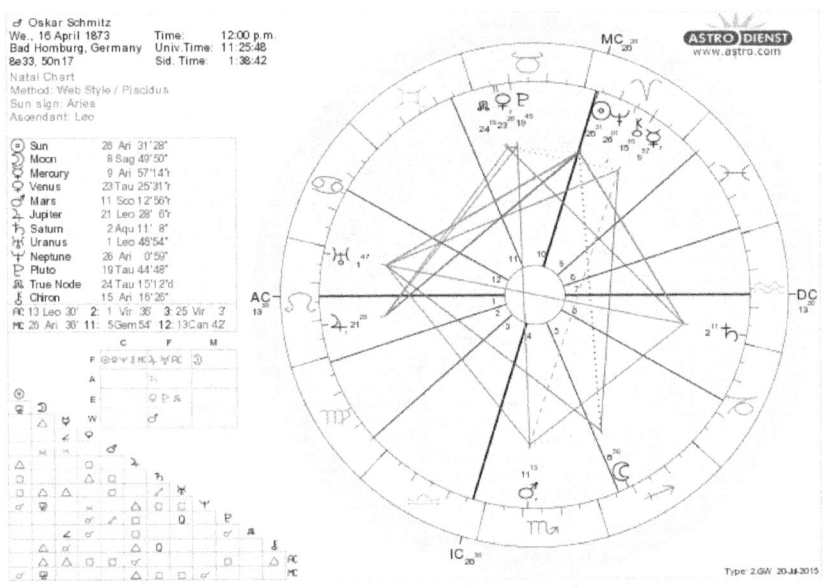

Un caso veramente eccezionale è rappresentato dall'astrologo tedesco Johannes Lang (Frankfurt am Main, 9 giugno 1899 alle 13:56). Lang aveva sviluppato la teoria della "sfera cava" (1926)

---

[151] C. G. Jung, *Prefazione a O. Schmitz, "La fiaba della lontra"*, Opere, Vol. XVIII, Boringhieri, Torino, 1993, p. 275.

secondo la quale noi tutti viviamo in una sfera cava, ma non possiamo accorgercene per via di particolari illusioni ottiche. Aveva inoltre sviluppato una meccanica celeste alternativa a quella di Copernico, corredata da un suo sistema di calcolo. Era anche convinto che in virtù di un complotto l'umanità era stata tenuta lontana da una conoscenza superiore, e che fosse suo compito svelarla. Fu un autore molto prolifico, al suo attivo si contano 22 libri e 8 articoli apparsi su riviste specializzate.[152]

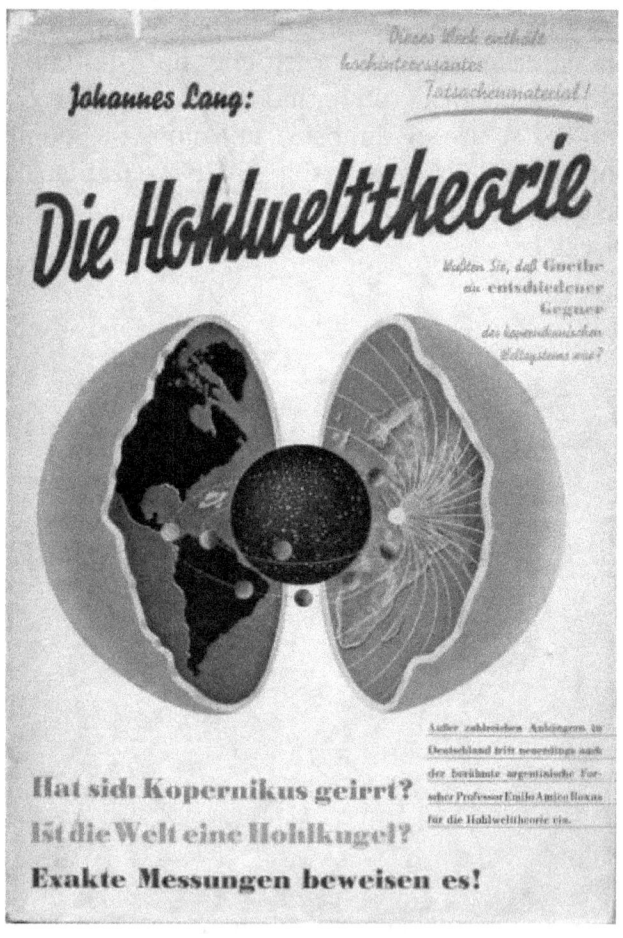

La genitura di Lang evidenzia una forte presenza di Nettuno, in simultanea congiunzione con entrambi i luminari.

_____

[152] Cfr. sito internet astrowiki (consultato il 21/7/2015).

_____

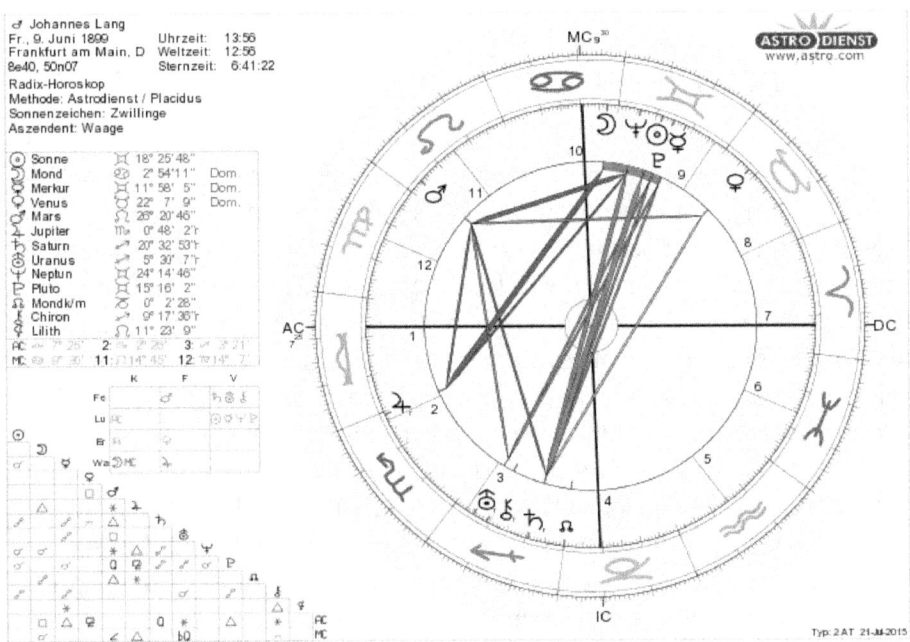

♂ Johannes Lang
Fr., 9. Juni 1899
Frankfurt am Main, D
8e40, 50n07

Uhrzeit: 13:56
Weltzeit: 12:56
Sternzeit: 6:41:22

ASTRO DIENST
www.astro.com

Radix-Horoskop
Methode: Astrodienst / Placidus
Sonnenzeichen: Zwillinge
Aszendent: Waage

☉ Sonne	♊	18° 25' 48"	
☽ Mond	♋	2° 54' 11"	
☿ Merkur	♊	11° 58' 5"	Dom.
♀ Venus	♋	22° 7' 9"	Dom.
♂ Mars	♌	26° 20' 46"	
♃ Jupiter	♏	0° 48' 2" r	
♄ Saturn	♐	20° 32' 53" r	
⛢ Uranus	♐	5° 30' 7" r	
♆ Neptun	♊	24° 14' 46"	
♇ Pluto	♊	15° 16' 2"	
☊ Mondk/m	♉	0° 2' 28"	
⚷ Chiron	♐	9° 17' 36" r	
⚸ Lilith	♌	11° 23' 9"	

AC ♎ 7° 25' 2 ♏ 6° 35' 3 ♐ 9° 21
MC ♋ 6° 30' 11 ♌ 14° 45' 12 ♏ 14° 7

Typ: 2 AT 21-Jul-2015

Se è vero che gli imprenditori di successo hanno un "fiuto per gli affari", e nel linguaggio comune si "sente puzza di bruciato[153]" o si "sente odor di quattrini" o qualcosa si "riconosce al fiuto", è innegabile che in qualche modo il senso dell'odorato richiama nel linguaggio la funzione intuizione di Jung. E non c'è dubbio che per diventare maestro profumiere e creare un nuovo profumo (o selezionare un profumo da commercializzare, sia pur creato da altri) occorre avere un'inventiva associata a una sensibilità per gli aromi del tutto particolare. Nel tipo di intuizione, il dato sensibile (un colore, un sapore, un odore) funge da attivatore del lampo intuitivo, che tuttavia resta indipendente dalla materialità dell'agente esterno. Non c'è alcun nesso di causalità tra l'idea folgorante e il supporto materico da cui può prendere le mosse.

Siamo riusciti a reperire i dati completi di quattro soggetti legati al mondo dei profumi la cui genitura, sorprendentemente, evidenzia la quadratura tra il Sole e Nettuno.

Edmond Roudnitska (Nizza, 22 marzo 1905 alle 22:00). Ha creato profumi per Christian Dior, Elizabeth Arden, Hermès e Rochas. Nel corso di un'intervista alla rivista National Geographic, dichiara: "Chiunque può fare un profumo gradevole. Il trucco è quello di creare una fragranza che abbia un'anima. Non è questione di mescolare delle pozioni come una specie di alchimista. Impegno la maggior parte del tempo a riflettere e a scrivere, tentando d'immaginare il profumo. Spesso mi capita di aspettare mesi prima di annusare una formula.[154]"

---

[153] Corrisponde grosso modo alla frase idiomatica inglese "to smell a rat".

[154] Cfr sito internet *art et parfum* (consultato il 6/7/2015).

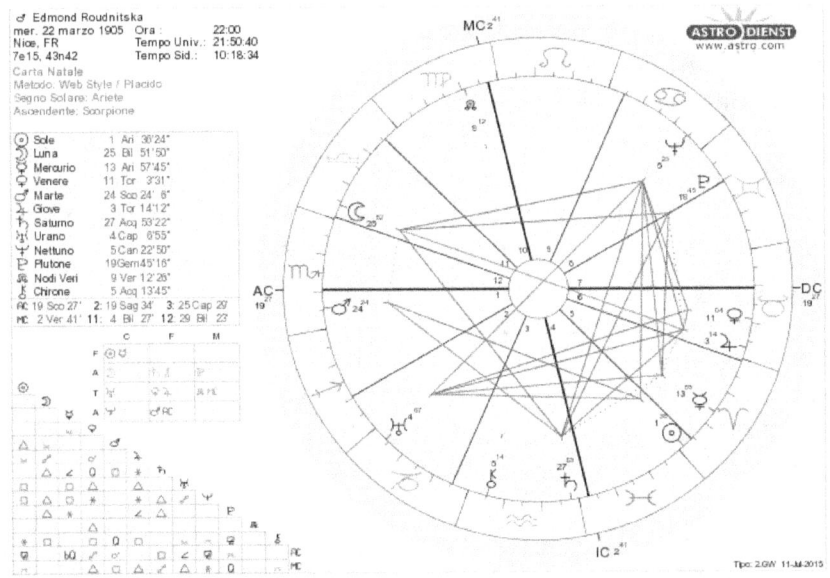

♂ Edmond Roudnitska
mer. 22 marzo 1905 Ora :   22:00
Nice, FR   Tempo Univ.: 21:50:40
7e15, 43n42   Tempo Sid.: 10:18:34
Carta Natale
Metodo: Web Style / Placido
Segno Solare: Ariete
Ascendente: Scorpione

Gabrielle ("Coco") Chanel (Saumur, 19 agosto 1883 alle 16:00). Approva e lancia il profumo *Chanel n. 5*, creato dal maestro profumiere Ernest Beaux.

Non sarà inutile soffermarsi sulle vicende di vita di Coco Chanel, come vengono rispecchiate nel suo cielo di nascita. Il ritratto astrologico delineato dall'astrologo André Barbault ne sottolinea le caratteristiche di Leonessa erculea[155], imprenditrice di successo e gran signora della moda. Un Sole scintillante, assistito da un Marte angolare. Certamente c'è tutto questo in Coco, ma le pennellate del Maestro francese non rendono giustizia al lato morbido, delicato, fantasioso, religioso, di questa donna straordinaria. Una recente e ben documentata biografia[156] ci racconta una bambina molto religiosa che usa pregare di nascosto in chiesa. In un momento critico e di prostrazione a seguito della morte dell'amante Boy Capel, trovandosi nel 1920 a Venezia, acquista un portabiglietti di cuoio in cui inserisce, oltre ad alcuni santini, il suo testamento religioso. Dichiara di appartenere alla Chiesa cattolica romana e, in caso di incidente o ricovero ospedaliero, chiede la presenza di un

---

[155] André et Anne Barbault, *Astralités des femmes illustres*, Éditions du Rocher, Principato di Monaco, 1998, p. 261. (Trad. it. *Astrologia delle donne illustri*, autopubblicato presso Amazon, 2017)
[156] Isabelle Fiemeyer, *Coco Chanel*, Castelvecchi, Roma, 2008.

sacerdote; e se muore, chiede la funzione funebre secondo il rito cattolico. In precedenza, insieme al suo compagno Boy, aveva frequentato le conferenze parigine della Società teosofica, e si appassiona all'Oriente. Il suo libro prediletto sarà la *Bhagavad Gîta*. Va soggetta a crisi di sonnambulismo. Non è da escludere che Coco vivesse il lato nettuniano della sua personalità nel quadro del rapporto amoroso con Boy, che ci viene descritto così:

«Ha una sua spiritualità, è anche uno studioso appassionato di induismo, un teosofo, un grande lettore (con una predilezione per i testi sacri...), un uomo intuitivo che si basa, come Coco, sui segni e la simbologia, delle cifre e dei colori fra gli altri, che sa penetrare gli animi e decifrarne le ferite.[157]»

Jeanne Lanvin (Parigi, 1 gennaio 1867 alle 1:00). Fonda la Lanvin Parfums SA nel 1924 e lancia la *Fragrance Arpège*.

Jacques Polge (Lagnes, 14 giugno 1943 alle 22:00). Maestro profumiere, il "naso[158]" della Chanel.

---

[157] *Op. cit.*, p. 42.
[158] Alcune informazioni sulla professione di "naso" si trovano sul sito internet *Bologna da vivere* (consultato il 6/7/2015).

SPORTIVI NETTUNIANI

A prima vista può sembrare incongruente accostare l'ineffabile Nettuno a campioni dello sport, che le poderose statistiche dei coniugi Gauquelin hanno durevolmente legato alla simbolica marziana. L'astro può tutt'al più richiamare atleti dediti agli sport acquatici, e tuttavia alcuni esempi tratti dalla vita vissuta sembrano invitare il ricercatore ad ampliare il suo angolo visuale.

Lea Pericoli (Milano, 22 marzo 1935 alle 17:30). Formidabile tennista, vincitrice di 27 titoli italiani, entra in campo con un abbigliamento completamente diverso da quello abitualmente in uso dalle altre atlete. Gonnelline corte svolazzanti mostrano generosamente l'armonia del suo fisico atletico, e top aderenti solleticano l'immaginario maschile dei primi anni '50 del secolo testé concluso. La carta del cielo natale espone un Marte-Bilancia in esilio e leso, e Nettuno è incollato all'Ascendente e governa il segno dei Pesci in cui si trova la congiunzione Mercurio-Saturno. In questo caso, Nettuno la rende affascinante protagonista di un cambiamento radicale della moda sportiva, e contemporaneamente ricettacolo dei desideri del sesso forte.

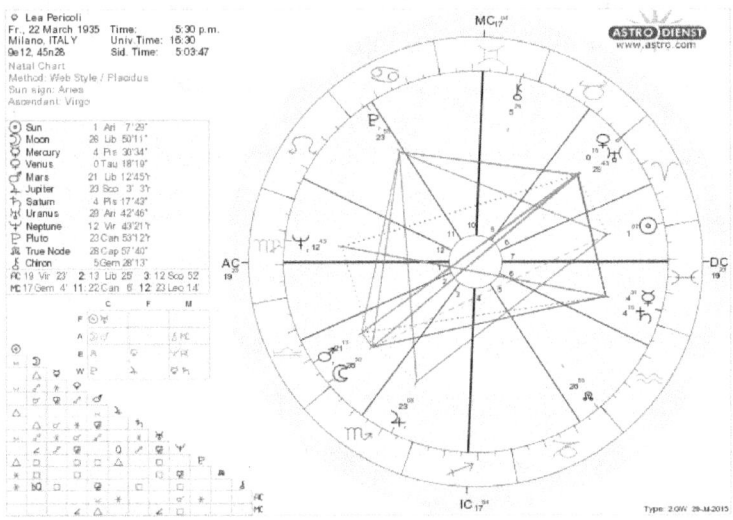

Adriano Panatta (Roma, 9 luglio 1950 alle ore 12:00). Altro grande tennista italiano, che ricalca sia pur parzialmente, la caratteristica astrologica di Lea Pericoli. Anche la genitura di Panatta espone un Marte-Bilancia in esilio e ferito da molteplici quadrature, che tuttavia sorgeva a Oriente al momento della nascita dell'atleta, e strettamente congiunto a Nettuno, anch'esso all'Ascendente. In questo caso troviamo ancora una volta conferma dei risultati statistici dei Gauquelin, con Marte angolare (s'è visto che è di per sé sufficiente, a prescindere dal segno in cui è collocato), caratteristico dei grandi atleti. E tuttavia anche Nettuno entra in gioco e rende ragione del "fascino senza tempo" che caratterizza Panata.[159]

Edoardo Galimberti (Como, 22 luglio 1915 alle 5:00). Ottimo calciatore, difensore che valorizza per molti anni di seguito la sua squadra. Sfortunatamente scarseggiano le notizie biografiche su questo atleta fortemente nettuniano e per nulla marziale. Nella carta del cielo natale troviamo il Sole strettamente congiunto a Nettuno, entrambi incollati all'Ascendente, fortificati dalla presenza di almeno quattro pianeti in casa XII (forse addirittura sei, qualora ci fosse un piccolo scarto in anticipo, anche di pochi minuti, nell'ora di nascita, chiaramente arrotondata). Poche ed essenziali notizie in rete[160].

Ayrton Senna (São Paulo, 21 marzo 1960 alle 2:35). Considerato il più grande pilota di Formula 1 di tutti i tempi. Nettuno altissimo al Medio Cielo rende conto della sua enorme popolarità e della sua intensa fede cattolica. Un articolo intitolato *Ayrton Senna: the faith of the man who could drive on water*, pubblicato su *Huffington Post* del 1 agosto 2011, è dedicato alla spiritualità di Senna.[161] Sembra che la sua guida avesse caratteristiche che possono essere accostate allo stato di *trance*. Leggiamo: "Mi resi improvvisamente conto che non stavo più guidando coscientemente e che stavo guidando solo per istinto, mi trovavo in una dimensione differente. Avevo di molto oltrepassato il limite, ma ero in grado di fare ancora di più. Mi resi conto di trovarmi in un'atmosfera molto differente. Stavo ben oltre

---

[159] Viene ancora recentemente definito "campione senza tempo con fascino e stile praticamente immutato da quando faceva impazzire le romane sugli spalti del Foro" nel sito tennis.it (consultato il 7/7/2015).

[160] Cfr. sito internet Enciclopedia del calcio (consultato il 7/7/2015)

[161] Cfr. sito internet (consultato il 7/7/2015)

la mia comprensione cosciente." Senna morì nel circuito di Imola il 1 maggio 1994; l'epitaffio sulla sua tomba recita: "Nulla può separarmi dall'amore divino".

Rubens Barrichello (São Paulo, 23 maggio 1972 alle 12:30). Pilota di Formula 1. L'oroscopo di nascita espone l'opposizione Sole-Nettuno, con quest'ultimo astro angolare al Fondo Cielo.

Il navigatore è un tipo del tutto particolare di sportivo che pare trovarsi in particolare sintonia con la simbolica nettuniana. Vediamone alcuni.

Peter Blake (Auckland, 1 ottobre 1948 alle 6:00). Vince parecchie gare di vela. Viene ucciso da pirati mentre sta monitorando mutamenti ambientali nel Rio delle Amazzoni.

Florence Arthaud (Boulogne-Billancourt, 28 ottobre 1957 alle 19:35). La prima donna ad attraversare l'Atlantico in solitaria, è conosciuta come la "fidanzatina dell'Atlantico". Perde la vita in Argentina, quando l'elicottero che la trasportava si scontra con altro velivolo.

Isabelle Autissier (Parigi, 18 ottobre 1956 alle 01:00). La prima donna ad avere fatto, in gara, il giro del mondo in solitaria.

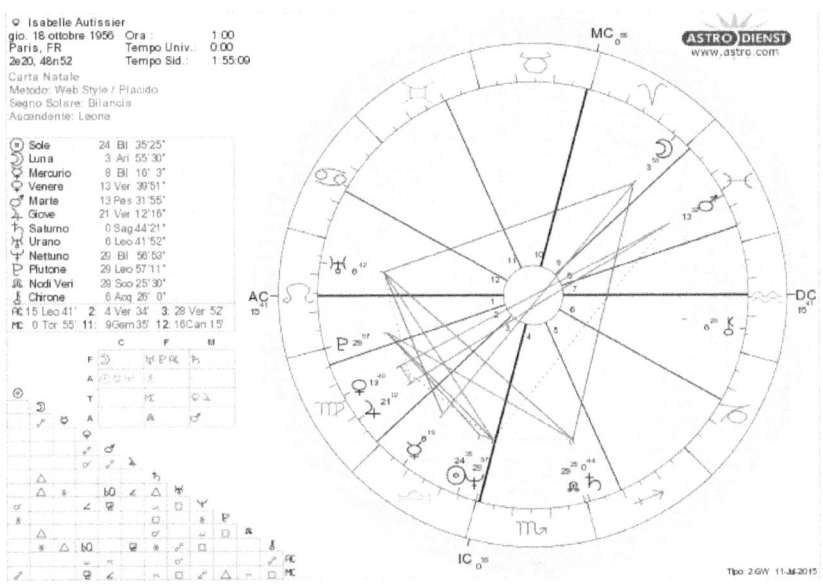

Giovanni Soldini (Milano, 16 maggio 1966 alle 13:50). "ha trovato Isabelle Autissier e l'ha presa a bordo della sua barca. Il velista ha affrontato la tempesta nei mari del Pacifico ed è riuscito a raggiungere l'imbarcazione, da ieri alla deriva, dove si trovava la navigatrice francese dopo il ribaltamento della sua barca.[162],"

Virginie Hériot (Le Vésinet, 25 luglio 1890 alle 23:00). Campionessa olimpica di vela, affettuosamente chiamata "la signora del mare". Muore a 42 anni a bordo del suo veliero al termine di una gara.

Olivier de Kersauson (Bonnétable, 20 luglio 1944 alle 17:00). Vince numerose gare, fa anche un giro del mondo in solitaria.

---

[162] Cfr. sito internet del quotidiano *La Repubblica* (consultato il 7/7/2015).

IMITATORI E TRASFORMISTI

Il Nettuno astrologico è proteiforme, indossa molte maschere, è indefinibile e inafferrabile. C'è qui qualche assonanza con Proteo, antico dio del mare e dei fiumi che poteva rapidamente mutare aspetto ed essere oracolo veritiero per chi fosse riuscito a catturarlo. L'inconscio è depositario di passato, presente e futuro, ma i suoi messaggi onirici, sempre cangianti, non sempre sono facilmente interpretabili. E i sogni fanno presto a svanire se non si è lesti ad acchiapparli. L'Odissea racconta che Menelao si getta su Proteo ansioso di interrogarlo sul perché gli dèi ostacolassero il suo ritorno in patria, e il Vecchio dapprima si trasforma in leone, poi serpente, pantera e cinghiale; infine acqua e albero. La simbolica nettuniana racchiude in sé anche la capacità trasformativa di Proteo che, se si cala nel vivente, può assumere anche tutte le caratteristiche del trasformista.

Alighiero Noschese (Napoli, 25 novembre 1932 alle 7:00), il grande camaleontico imitatore la cui genitura espone una larga quadratura Sole-Nettuno, con quest'ultimo che svetta al Medio Cielo.

Gigi Sabani (5 ottobre 1952 alle 9:00), degno erede di Alighiero Noschese, alla nascita aveva una quadruplice congiunzione Sole-Saturno-Mercurio-Nettuno in Bilancia, crocevia di ben 6 cicli planetari.

Arturo Brachetti (Torino, 13 ottobre 1957 alle 18:00), velocissimo nel cambiare ruoli. Nettuno nella sua genitura è collocato sul Discendente.

Solo da qualche anno la Natura ci ha fatto conoscere un animale dalle caratteristiche finora sconosciute: si tratta del polpo mimetico (*Thaumoctopus mimicus*) e non poteva che essere una creatura marina. La tardività della scoperta sarebbe dovuta alla straordinaria intelligenza di questo essere acquatico, che è capace di assumere la forma di altri animali, come la sogliola, il pesce leone, il serpente di mare e altri ancora. In genere assume le sembianze della creatura che costituisce il predatore di chi vorrebbe minacciarlo.[163]

---

[163] Notizie rilevate dal sito internet *marinebio* (consultato il 26/7/2015).

106

POT-POURRI NETTUNIANO

La galleria dei personaggi segnati dall'astrologico dio del mare non si esaurisce certo qui. Troviamo persone di ogni appartenenza sociale che esercitano le più svariate attività nei più diversi stili di vita: idealisti, drogati, alcolizzati, imprenditori, militari, educatori, medici, filosofi… Tuttavia ciascuno ha portato nel mondo – talvolta drammaticamente – la propria impronta nettuniana.

Il chimico Albert Hofmann (Baden, Svizzera, 11 gennaio 1906 alle 15:00) scopre accidentalmente l'LSD nel 1943, e il chimico Sidney Gottlieb (New York, 3 agosto 1918 alle 12:39) la utilizza per condurre esperimenti illegali sui "rifiuti della società" per conto della CIA americana (il progetto MKUltra, conosciuto anche come *mind control program*), mentre Steven Howard (Los Angeles, 19 aprile 1941 alle 14:34) e Diane Linkletter (Los Angeles, 31 ottobre 1948 alle 01:01) ne fanno un abuso tale da condurli al suicidio.

Emmeline Pankhurst (Manchester, 14 luglio 1858 alle 21:30), Betty Friedan (Peoria, Illinois, 4 febbraio 1921 alle 4:00), Kate Millett (Saint Paul, Minnesota, 14 settembre 1934 alle 19:40) si dedicano alla causa dell'emancipazione della donna, precedute dalla straordinaria Anna Kingsford (Stratford, 16 settembre 1846 alle 17:00). Quest'ultima, una delle prime donne a laurearsi in medicina, si batte con grande forza e determinazione contro la vivisezione animale e predica la dieta vegetariana. Non solo, acquisita fama in ambito teosofico come veggente e persona altamente spirituale.

E poi ci sono i medici. L'americano Lee Sannella (Springfield, Massachusetts, 29 maggio 1916 alle 8:30) dedica la sua vita allo studio e al risveglio della kundalini, Luigi Di Bella (Linguaglossa, 18 luglio 1912 alle 6:00) plurilaureato, conduce ricerche contro il cancro e propone una cura innovativa, contestata dalla medicina ufficiale, Franco Basaglia (Venezia, 11 marzo 1924 alle 16:00) alfiere dell'antipsichiatria in Italia, si batte per l'abolizione degli ospedali psichiatrici e propone una visione alternativa della malattia mentale. E infine il grande Albert Schweitzer (Kaysersberg, 14 gennaio 1875 alle 23:50) premio Nobel per la pace, apre un ospedale a Lambaréné, nel Gabon, dove si dedica a curare le popolazioni africane per molti anni.

Il primo premio Nobel per la pace viene conferito nel 1901 allo svizzero uomo d'affari Henri Dunant (Ginevra, 8 maggio 1828 alle 20:30). Sconvolto dalla vista dei feriti e dei morenti nel campo di battaglia di Solferino del 1859, si adopera immediatamente in tutti i modi per dar loro soccorso. Fonderà in seguito la Croce Rossa Internazionale.

Talvolta succede che l'appello di Nettuno avvenga tardivamente, come se fosse un fuoco che per anni è capace di covare sotto la cenere, in attesa di una scintilla che lo faccia divampare. Allora occorre rispondere alla chiamata per non offendere il dio, ed evitarne l'ira, come ci tramandano le lunghe e tormentose vicende di Ulisse nell'Odissea.

Vocatus atque non vocatus deus aderit è la scritta che si trova sul frontone della casa di Jung a Küsnacht. Che lo si chiami o che lo si ignori, il dio è sempre presente. "Serve a ricordare a me e ai miei pazienti di avere timor di Dio", scrisse il Maestro svizzero in una lettera del 19 novembre 1960. *Timor dei initium sapientiae.*

Liane de Pougy (La Flèche, 2 luglio 1869 alle 8:00) è una donna bellissima, ballerina e cortigiana di gran classe. Conduce una vita brillante e movimentata, ricca di denaro e soddisfazioni. Termina la sua vita da terziaria domenicana. Ève Lavallière (Toulon, 1 aprile 1866 alle 11:00), attrice e ballerina di successo, si converte al cattolicesimo nel 1917 e prende i voti. Si chiamerà Eve-Marie del Sacro Cuore di Gesù, e distribuisce i suoi averi per vivere in povertà. Assai diversa la vicenda dell'ereditiera Barbara Hutton (New York, 14 Novembre 1912 alle 14:25), sposatasi ben sette volte, capace di dissipare a vario titolo un immenso patrimonio. Alla fine della sua vita, Barbara Hutton non entrò in convento, ma si nutriva quotidianamente di "20 bottiglie di Coca cola allungate con superalcolici, prevalentemente vodka, iniezioni di vitamine mescolate con anfetamine, un pastone di soia, sigarette e un mix di droghe fatto di codeina, valium e morfina.[164]"

Gauquelin condusse una ricerca statistica il cui risultato dimostrò che "i 3.142 grandi capi militari europei ... erano nati con la levata o

---

[164] Cfr. articolo a firma di Christopher Wilson pubblicato sul sito internet del quotidiano Daily Mail il 28.11.2008 (consultato l'8/7/2015).

culminazione di Marte (1 probabilità su 1.000.000 che ciò fosse dovuto al caso).[165]" È ovvio che ogni regola ammette le sue eccezioni, ma come si può interpretare il Nettuno dominante di Erich Ludendorff (Poznan, 9 aprile 1865 alle 11:00), supremo condottiero tedesco durante la I guerra mondiale? In effetti, Ludendorff, durante il conflitto godette di una vastissima popolarità e fu considerato un eroe nazionale, malgrado una certa ipersensibilità e instabilità di carattere. A guerra finita, prese a giustificare la sconfitta della Germania invocando teorie complottistiche che vedevano coinvolti ebrei, massoni, comunisti e gesuiti. Gli ultimi anni della sua vita lo vedono sempre più coinvolto nella pratica della cabala e nel gruppo esoterico capeggiato dalla seconda moglie.

Una particolare categoria di nettuniani è quella dei sovrani. Avendo, almeno in passato, maggiori mezzi a loro disposizione, ed essendo costantemente sotto gli occhi del popolo, è stato forse più facile osservare come si esprimesse esteriormente l'archetipo.

Umberto I di Savoia detto "il re buono" (Torino, 14 marzo 1844 alle 10:30). La voce dell'Enciclopedia Treccani del 1937 redatta da Augusto Torre ne traccia un ritratto altamente agiografico, mettendone in risalto le virtù militari, la lungimiranza politica e le doti umanitarie. Un re filantropo che sfida il colera a Napoli e accorre sui luoghi colpiti dal terremoto.[166] Si sorvola convenientemente sul fatto che il re conferì un'onorificenza, accompagnata da un seggio al Senato, al generale Fiorenzo Bava Beccaris, il quale fece sparare cannonate sulla folla durante i moti di Milano del maggio 1898, provocando molti morti e feriti.

Luigi II re di Baviera (Monaco, 24 agosto 1845 alle 23:35). Ho già presentato uno schizzo del sovrano, ma desidero riportare anche l'analisi di André Barbault: "Luigi II è un sognatore un po' folle, dotato di una sensibilità esaltata, che vive nell'ebbrezza dell'immaginazione; l'entusiasmo talvolta cade nella melanconia. Una tale inflazione psichica si unisce a comportamenti bizzarri, fantasie stravaganti, aberrazioni romantiche. ... I vapori nettuniani

---

[165] André Barbault, *La scienza dell'astrologia*, Nuovi Orizzonti, Milano, 1989, p. 88.
[166] Cfr. sito internet dell'Enciclopedia Treccani (consultato il 9/7/2015)

arrivano a farsi allucinazioni deliranti... Anche la sua morte appartiene all'indeterminatezza nettuniana.[167]"

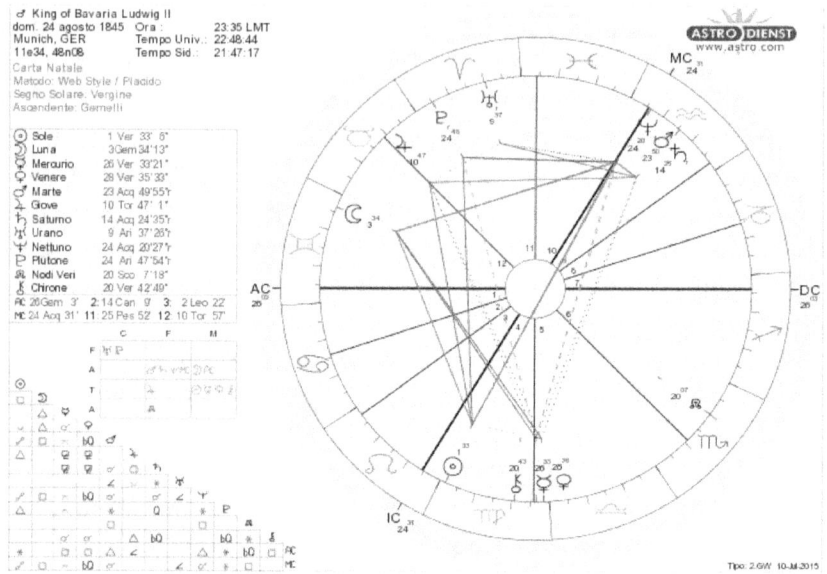

Guglielmo II, imperatore di Germania (Potsdam, 27 gennaio 1859 alle 15:00). Di carattere fragile, "a Guglielmo non mancava l'intelligenza, ma era instabile, e mascherava le sue profonde insicurezze con la spavalderia e l'aggressività dell'eloquio. Spesso cadeva in stati depressivi e isterici. ... La sua instabilità si rifletteva in una politica vacillante.[168]" Potenzia la marina da guerra e la rende seconda solo a quella britannica.

I tre regnanti avevano tutti Nettuno congiunto al Medio Cielo.

Di grande impatto simbolico le vicende di due scienziati che hanno tramandato il loro nome a ricerche eseguite sulle proprietà del liquido elemento, l'acqua.

Jacques Benveniste (Parigi, 12 marzo 1935 alle 14:40). Medico e immunologo di fama, autore di 230 pubblicazioni scientifiche "molte

---

[167] André Barbault, *Astres royaux*, Éditions du Rocher, Principato di Monaco, 1995, p. 57. Anche la morte di Romy Schneider e di Marylin Monroe, persone che a mio parere sono classificabili come nettuniane, restano a tutt'oggi avvolte nel mistero.

[168] *Western civilization* (William L. Langer, ed.), American Heritage Publishing, New York, 1968, p. 528.

di queste in riviste affidabili[169]" nel 1988 rimane impegolato, in contraddittorio alla rivista *Nature*, in un esperimento sulla cosiddetta "memoria dell'acqua", successivamente fortemente contestato dalla comunità scientifica internazionale. Il prestigio dello scienziato subisce un duro colpo, ma Benveniste non si dà per vinto e continua le sue ricerche che, se un giorno venissero convalidate, costituirebbero le fondamenta e la prova dell'efficacia della medicina omeopatica. John Maddox, direttore di *Nature*, non mise in dubbio la buona fede di Benveniste, ma affermò che il francese si era "autoingannato", ed era "straordinariamente credulone.[170]"

Masaru Emoto (Yokohama, 22 luglio 1943 alle 16:50). Ghiaccia l'acqua sottoposta a pensieri e preghiere, poi fotografa i cristalli che si sono formati; afferma che sono belli quelli accompagnati da pensieri positivi e brutti o amorfi da quelli negativi. Nel corso di un'intervista, Emoto avrebbe dichiarato: "La vibrazione dell'amore e della gratitudine possono essere trasmesse, attraverso la nostra intenzione, ai corsi d'acqua che attraversano i paesi devastati dai conflitti e dalle guerre. Le faccio un esempio. Immaginiamo di inviare la nostra preghiera, il nostro pensiero d'amore al fiume Giordano sulle cui sponde vivono israeliani e palestinesi. L'acqua, informata da questa altissima vibrazione di luce, armonizzerà la terra e coloro che la berranno.[171]"

La genitura di Benveniste espone il Sole in opposizione a Nettuno; quella di Emoto il Sole, Luna, Mercurio, Giove e Saturno in aspetto a Nettuno.

---

[169] Necrologio a firma Caroline Richmond, apparso sul sito internet del quotidiano britannico *The Guardian* del 21/10/2004. (consultato il 26/7/2015).
[170] *idem*.
[171] Notizie tratte dal sito internet *lifegate.it* (consultato il 26/7/2015).

In aggiunta a mostrare interesse e rispetto per l'astrologia, Jung non mancò di lanciare uno sguardo sull'antica arte della lettura della mano, spingendosi a scrivere una prefazione al volume di Julius Spier, *Le mani dei bambini* (1944 e 1955). In essa leggiamo quanto segue:

«La visione della biologia moderna che, suffragata da un'enorme quantità di materiale empirico, considera l'uomo una totalità, non può affatto considerare escluso *a priori* che le *mani*, quegli organi così intimamente legati alla psiche, non siano anche, nella loro forma e nel loro funzionamento, espressioni eloquenti, e quindi intelligibili, della peculiarità psichica di un individuo, cioè del suo carattere.[172]»

In ossequio al principio delle corrispondenze cosmiche, alcuni chirologi hanno affrontato il problema dell'esistenza di una "linea di Nettuno" nel palmo della mano. Sia il tedesco Friedrich Rudolf Engelhardt[173] che l'italiano Cesare Cuccurin[174] hanno risposto in modo affermativo.

Engelhardt dedica le pagine 287-291 all'argomento, da cui traggo le citazioni che seguono. In particolare, questo Autore accosta la linea di Nettuno all'esistenza di un settimo senso, da lui definito come "la capacità di entrare in rapporto con forze extra e sopra sensoriali tramite l'elemento parapsicologico.[175]" Secondo il chirologo tedesco, "la linea si estende trasversalmente sopra la parte media o inferiore del monte della Luna, e molto spesso si trova in persone in cui i segni [zodiacali] d'Acqua sono dominanti." Sarà

---

[172] C. G. Jung, *Prefazione a J. Spier, "Le mani dei bambini"*, Opere, Vol. XVIII, Boringhieri, Torino, 1993, p. 452..

[173] *Das Wissen von der Hand*, Hugendubel, München, 1987 (ristampa dell'edizione apparsa nel 1932 presso Uranus Verlag, Memmingen).

[174] *Iniziazione all'astrochiromanzia*, Edizioni Mediterranee, Roma, 2003.

[175] La traduzione dal tedesco di tutti i brani tratti dal testo *Das Wissen von der Hand* è opera di Lioba Kirfel Barillà.

utile riportare integralmente un brano che in sostanza riassume – con il linguaggio del tempo – il pensiero della dottrina astrologica dominante all'epoca (1932) della prima stampa del libro in questione e che Engelhardt afferma di avere riscontrato sperimentalmente dall'esame delle mani di un buon numero di persone, le quali mostrano

«una predisposizione per diverse facoltà occulte, quali il pendolino, lo spiritismo, il sonnambulismo, stati di trance e simili. Nei casi lievi nasce un'estrema sensibilità, una forte intuizione, sogni veridici, premonizioni inconsce. Tali predisposizioni possono essere accresciute con la volontà. D'altro canto, l'estrema sensibilità può provocare depressione, melanconia e sentimentalismo. Nel quotidiano queste persone sono sensibili, delicate e facilmente ferite. … Sono facilmente influenzabili, il che li rende fortemente suggestionabili, sia in positivo che in negativo e diventano medium utilizzabili in esperimenti di ipnotismo. Il corpo è per lo più caratterizzato da tessuti molli che negli anni portano a un aumento della massa corporea. Le linee di Nettuno tendono a indurre stati d'animo morbidi e intimi, esperienze e paesaggi, soprattutto acquatici. Sono poetici, romantici, fantasiosi, ruminanti, sognanti. Nelle mani di sportivi le linee indicano una persona dedita a sport acquatici, quale il nuoto, ecc. Inoltre, la linea – in analogia al significato del pianeta Nettuno – indica una predilezione per rimedi nebulosi e inebrianti come l'oppio, la morfina, cocaina, eroina, l'alcool e, in casi lievi, caffè, tè, tabacco e profumi. Cheiro[176] scrive di aver trovato la linea nelle mani di alcolizzati e morfinomani.»

L'approccio di Cesare Cuccurin mostra l'interesse di questo Autore diretto più verso il lato spirituale, anche se in alcune parti può sembrare ricalcare il pensiero del suo predecessore. Leggiamo: "Questa linea è principalmente in diretta dipendenza con il pianeta Nettuno e con le facoltà psichiche collegate all'anima umana, all'interiorità. … quando è importante e bella indica la grande anima della persona, la sua disposizione verso trasporti idealistici che si manifestano in vari campi, che possono andare dalla poesia all'arte, agli interessi mistici e spirituali, a una vita fatta di dedizione e di

---

[176] Famosissimo chiromante, numerologo, occultista (1866-1936).

benevola disposizione verso il prossimo. ... È una linea psichica che indica sempre un alto grado di sensibilità, anche a livello emotivo." (Cuccurin, p. 77)

Come sappiamo, attualmente Nettuno sta proseguendo il suo cammino nel suo domicilio zodiacale dei Pesci. La prima congiunzione Sole-Nettuno di questo nuovo ciclo si è verificata il 19/2/2012 a 0°, poi il 21/2/2013 a 3°, il 23/2/2014 a 5°, il 26/2/2015 a 7° del segno. È evidente che da qualche parte nel mondo sono già nati bambini che espongono nel loro cielo di nascita questa congiunzione che, considerando la consueta orbita di tolleranza di 10°, di per sé li rende naturalmente "nettuniani" (pur prescindendo dalla "casa astrologica in cui si verifica). Di questa schiera di nuovi nati, ce ne saranno alcuni fortemente nettuniani, perché la congiunzione si sarà verificata in prossimità di uno dei quattro angoli dell'oroscopo: Ascendente, Medio Cielo, Discendente e Fondo Cielo. Ecco il grafico di uno di questi bambini, a cui ho attribuito un nome di fantasia, avendo cura di cancellare luogo e ora di nascita per tutelarne la privacy.

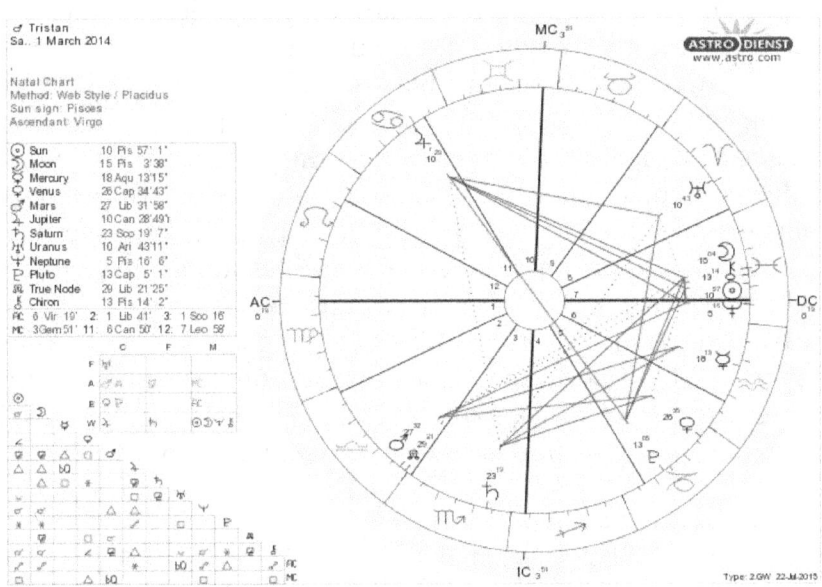

Senza entrare nei dettagli interpretativi della genitura in questione, è sufficiente osservare che la triplice congiunzione in

Pesci forma un armonioso aspetto di trigono con Giove – *fortuna maior* – in Cancro, che gli antichi astrologi consideravano in esaltazione, quindi capace di elargire al massimo i suoi benefici.

Che fiaba gli si potrebbe raccontare quando, imbacuccato nel suo lettino, reclama di ascoltarne una prima di addormentarsi?

Forse *Il pescatore e sua moglie* dei Fratelli Grimm che, tradizionalmente, inizia così: "C'era una volta un pescatore e sua moglie; abitavano in un lurido buco presso il mare, e il pescatore andava tutti i giorni a pescar con la lenza, e pescava e pescava.[177]" Oppure una fiaba svedese, che racconta dell'incontro con un vecchio, una strana creatura oceanica, bisognosa di sale: "Era il 1750. Il capitano Pettersson, un pezzo d'uomo dagli occhi azzurri e con la barba e i capelli rossi, si trovava a navigare in direzione della Spagna, per fare rifornimento di sale.[178]" E, se volessimo richiamarci alle fiabe italiane, forse gli racconteremmo la fiaba di *Cola Pesce*, un ragazzo che amava molto nuotare, "e stava a bagno nel mare mattina e sera", il quale, in conseguenza di un momento di esasperazione di sua madre "in un momento, Cola diventò mezzo uomo e mezzo pesce, con le dita palmate come un'anatra e la gola da rana.[179]»

Raccontare le fiabe – scevri da una pretesa aridamente intellettuale desiderosa di analizzarle e scomporle per impadronirsi della loro struttura formale – lasciando sorgere emozioni, meraviglia e stupore in qualche modo cambia il proprio modo di pensare: "È ciò che Jung chiamava «pensiero simbolico» " [un] processo di pensiero [che] consiste nell'ascoltare ciò che il simbolo stesso ha da dire. ... Mediante esso, si entra in possesso di un prezioso strumento per la comprensione del materiale grezzo della psiche, delle sue novità e delle sue manifestazioni ancora nascoste, che dobbiamo conoscere se vogliamo entrare in contatto con l'inconscio.[180]"

Ivan Paterlini e Daniele Ribola si pongono su questo filone, e scrivono: "Miti, fiabe e sogni sono visti da Jung come configurazioni energetiche capaci di ospitare la storia personale dandole respiro e possibilità; storia e biografia mai trascurata o sottovalutata nella

---

[177] Jacob e Wilhelm Grimm, *Fiabe*, Einaudi, Torino, 1951, p. 71.
[178] *Fiabe popolari svedesi*, BUR, Milano, 2005, p. 55.
[179] *Fiabe italiane raccolte trascritte da Italo Calvino*, Vol. III, Einaudi, Torino, 1956, p. 56.
[180] Marie-Louise von Franz, *Le fiabe del lieto fine*, cit., p. 130, 131.

dialettica continua e inesauribile tra coscienza e inconscio, tra narrazione biografica e mondo metaforico, tra mondo visibile e mondo invisibile.[181]"

Agli adulti mi piacerebbe proporre *L'amore ai tempi del colera* di Gabriel Garcia Marquez, illustre rappresentante del segno dei Pesci, che con il suo scritto traboccante di passione e di fede racconta una storia d'amore durata 53 anni, 7 mesi e 11 giorni, e la conclude navigando su un battello fluviale, come fosse una favola che si chiude con "e vissero per sempre felici e contenti". "In ultimo ci sarà un'immagine, non una parola. Davanti alle immagini le parole muoiono" scrive Christa Wolf in *Cassandra*. Un invito a lasciare spazio alle proprie immagini interiori, come consiglierebbe un Nettuno illuminato.

---

[181] *Op. cit.*, p. 21.

APPENDICE

L'elenco che segue non ha ovviamente alcuna pretesa di completezza e ha la sola ambizione di fornire allo studioso uno scampolo di personaggi in qualche modo segnati dal Nettuno astrologico, come risulta dai dati biografici attinti da fonti diverse, e ritenuti attendibili. Sono stati grosso modo suddivisi in categorie che, per loro natura, a mio avviso si prestavano a essere indagate con profitto; dove mancava la possibilità di incasellamento, sono stati inseriti in categoria residuale.

Consideriamo per un momento il metodo seguito dai coniugi Gauquelin nelle loro ricerche: hanno preso in esame una determinata categoria di persone, come i campioni sportivi, gli scienziati, gli attori, ecc. Dopo di che, l'elaborazione statistica di migliaia di dati ha evidenziato la presenza in uno dei quattro angoli del cielo di un certo pianeta, con una frequenza tale da rendere altamente improbabile che ciò fosse dovuto al caso.

Tuttavia, partendo dalla genitura di una persona caratterizzata da un forte Nettuno, senza conoscerne le vicende di vita (oppure nel caso di un neonato), è pressoché impossibile stabilire quale direzione abbia preso (o prenderà in futuro) la tendenza nettuniana. Sarà un poeta, un "uomo di Dio", un tossicodipendente, un politico, un attore, un medium, uno psicologo, uno sportivo, un musicista o qualcos'altro ancora? Non è possibile dirlo.

Qui incontriamo il limite dell'indagine astrologica, com'è stato affermato più volte da valenti studiosi. Certamente l'ambiente e l'ereditarietà esercitano un peso, ma a mio parere assolutamente non decisivo. Tutto dipende dal processo di individuazione e dal suo svolgimento, che è a sua volta in funzione del grado di autoconoscenza raggiunto dal soggetto. Afferma Jung: "Tale autoconoscenza è di primaria importanza, perché grazie ad essa ci avviciniamo a quel fondamento o nucleo della natura umana che è la sede degli istinti, quei fattori dinamici esistenti a priori da cui alla fine dipendono le decisioni etiche della nostra coscienza." (*Ricordi, sogni, riflessioni*, cit., p. 389).

Fatta eccezione per 12 casi di conoscenza diretta (indicati con un nome di fantasia seguito da asterisco), i nominativi sono stati rilevati dalle seguenti affidabili banche dati: AstroDatabank, Archivio Bordoni, Archivio C.I.D.A. Ad esse ci si potrà rivolgere per ottenere i dati di nascita completi di data, luogo e ora.

***

Servi di Dio, beati e santi

1. Therese Neumann - serva di Dio - stigmatizzata, si nutriva solo dell'ostia - Sole/Ariete; Sole sestile Nettuno; Nettuno cong. Disc.

2. Cecilio Cortinovis - servo di Dio - Sole/Scorpione; Sole, Luna, Mercurio opp. Nettuno; Marte quadr. Nettuno; Giove trig. Nettuno.

3. S. Teresa d'Avila - santa - Sole/Ariete; Sole, Mercurio sestile Nettuno; Giove trig. Nettuno; Nettuno in casa XII (per le ore 5:00)

4. Bernardette Soubiroux - santa - Sole/Capricorno; Giove cong. Nettuno; Nettuno cong. MC

5. Giovanni Paolo II - beato - Sole/Toro; Venere quadr. Nettuno; Giove cong. Nettuno; Nettuno cong. MC.

6. Catherine Labouré - santa - Sole/Toro; Venere/Pesci trig. Nettuno

7. Lidwina van Schiedam - santa - Sole/Ariete; Luna trig. Nettuno; Venere cong. Nettuno; Saturno cong. Nettuno.

8. Gemma Galgani - santa - stigmatizzata - Sole/Pesci; Sole semiquadr. Nettuno; Giove quadr. Nettuno.

9. Padre Pio (S. Pio) - santo - stigmatizzato - Sole/Gemelli; Sole cong. Nettuno; Mercurio cong. Nettuno; Venere semiquadr. Nettuno; Marte cong. Nettuno; Nettuno cong. Plutone.

10. Giovanni Paolo I - servo di Dio - Sole/Bilancia; Sole quadr. Nettuno; Luna opp. Nettuno; Venere trig. Nettuno; Urano opp. Nettuno.

11. Francesca Cabrini - santa - Sole/Cancro; Sole sesquiquadr. Nettuno; Mercurio trig. Nettuno; Marte opp. Nettuno; Saturno semiquadr. Nettuno.

12. Maria Teresa Goretti - santa - Sole/Bilancia; Sole sesquiquadr. Nettuno; Mercurio trig. Nettuno; Venere opp. Nettuno; Giove trig. Nettuno; Saturno quadr. Nettuno; Nettuno cong. Plutone.

13. Carlo Borromeo - santo - Sole/Bilancia; Sole opp. Nettuno; Marte sesquiquadr. Nettuno; Urano trig. Nettuno.

14. Federico Borromeo - santo - Sole/Vergine; Sole quadr. Nettuno; Venere trig. Nettuno; Urano opp. Nettuno.

15. Giovanni Bosco - santo - Sole/Leone; Sole trig. Nettuno; Marte trig. Nettuno; Luna semist. Nettuno; grande trigono Sole-Marte-Nettuno in segni di fuoco.

16. Giuseppe Cottolengo - santo - Sole/Toro; Sole quinconce Nettuno; Mercurio quinconce Nettuno; Marte trig. Nettuno; Saturno trig. Nettuno; Urano quadr. Nettuno.

17. Peter Julian Eymard - santo - Sole/Acquario; Sole sest. Nettuno; Mercurio sest. Nettuno.

18. Charles de Foucauld - beato - Sole/Vergine ; Sole opp. Nettuno; Luna quadr. Nettuno; Mercurio opp. Nettuno; Venere sesquiquadr. Nettuno; Marte quadr. Nettuno; Giove quadr. Nettuno; Saturno sesquiquadr. Nettuno. Genitura fortemente dissonante.

19. Francesco da Sales - santo - Sole/Vergine; Venere trig. Nettuno; Saturno quadr. Nettuno; Urano opp. Nettuno; Nettuno in casa I. Genitura fortemente dissonante.

20. Pier Giorgio Frassati - beato - Sole/Ariete; Marte sest. Nettuno.

21. Thérèse de Lisieux - santa - Sole/Capricorno; Mercurio trig. Nettuno; Venere trig. Nettuno; Marte opp. Nettuno; Saturno quadr. Nettuno; Luna/Pesci.

22. Carlo Gnocchi - beato - Sole/Scorpione; Sole trig. Nettuno; Luna opp. Nettuno; Giove trig. Nettuno.

23. Alfonso Maria Liguori - santo - Sole/Bilancia; Sole opp. Nettuno; Marte trig. Nettuno; Giove opp. Nettuno; Urano quadr. Nettuno; 5 pianeti in casa XII.

24. Leopoldo da Castelnuovo - santo - Sole/Toro; Venere sest. Nettuno; Marte cong. Nettuno.

25. Giuseppe Moscati - santo - Sole/Leone; Luna sest. Nettuno (esatto); Luna/Pesci; Mercurio quadr. Nettuno; Urano trig. Nettuno; Nettuno in casa XII.

26. Olinto Marella (Padre Marella) - servo di Dio - Sole/Gemelli; Venere sest. Nettuno; Marte quadr. Nettuno; Saturno cong. Nettuno: Urano trig. Nettuno.

27. Antoni Gaudì - servo di Dio - Sole/Cancro; Sole trig. Nettuno; Luna quinconce Nettuno; Marte opp. Nettuno; Giove trig.

Nettuno; Saturno sest. Nettuno; Urano sest. Nettuno; Nettuno cong. Disc.

28. *Luigi Orione* - santo - Sole/Cancro; Venere sest. Nettuno; Marte sest. Nettuno; Urano quadr. Nettuno; Nettuno cong. FC.

29. *Papa Pio X* - santo - Sole/Gemelli; Sole trig. Nettuno; Vene quadr. Nettuno; Nettuno cong. Asc.

30. *Vincenzo Pallotti* - santo - Sole/Toro; Sole opp. Nettuno; Venere sesquiquadr. Nettuno; Giove quadr. Nettuno.

Guru

31. *Jiddu Krishnamurti* - guru - Sole/Toro; Sole opp. Urano lungo FC/MC

32. *Meher Baba* - guru - Sole/Pesci; Sole quadr. Nettuno; Giove opp. Urano lungo FC/MC

33. *Paramahansa Yogananda* - guru - Sole/Capricorno; Venere opp. Nettuno; Marte sest. Nettuno; Saturno trig. Nettuno; Nettuno cong. MC

34. *Sathya Sai Baba* - guru - Sole/Scorpione; Giove opp. Nettuno lungo FC/MC; data incerta. Figura controversa.

35. *Mohandas Gandhi* - guru - Sole/Bilancia; Sole opp. Nettuno; Nettuno cong. Disc. Sole in casa XII.

36. *Bhagwan Rajneesh* - guru - Sole/Sagittario; Luna, Mercurio, Venere, Marte trig. Nettuno. Nettuno cong. FC.

37. *Swami Vivekananda* - guru - Sole/Capricorno; Luna opp. Nettuno.

38. *Sri Aurobindo* - guru - Sole/Leone; Sole trig. Nettuno, Luna trig. Nettuno. Grande trigono Sole, Luna, Nettuno.

39. *Mira Richard* (Mère; the Mother) - guru - Sole/Pesci; Sole sest. Nettuno; Luna opp. Nettuno; Venere sest. Nettuno; Marte cong. Nettuno; Saturno semiquard. Nettuno.

40. *Ramakrishna* - guru - Sole/Acquario; Venere sest. Nettuno; Marte cong. Nettuno; Saturno quadr. Nettuno; Nettuno cong. Asc.; Luna, Mercurio, Urano in Pesci.

41. *Ramana Maharishi* - guru - Sole/Capricorno; Sole trig. Nettuno; Marte cong. Nettuno; Giove sest. Nettuno; Urano trig. Nettuno.

42. Ron Hubbard - falso guru; fondatore di Scientology; Sole/Pesci; Sole trig. Nettuno; Mercurio trig. Nettuno; Venere quadr. Nettuno; Giove trig. Nettuno.

43. Ram Dass (Richard Alpert) - guru americano - esperimenti con LSD - filosofia indiana; Sole/Ariete; Luna quadr. Nettuno; Mercurio trig. Nettuno; Venere opp. Nettuno.

44. Werner Erhard - multimilionario guru americano - Sole/Vergine; Sole cong. Nettuno; Luna quadr. Nettuno; Venere cong. Nettuno; Giove sest. Nettuno; Saturno opp. Nettuno.

45. Gigliola Giorgini (Mamma Ebe) - santona - condanna per truffa, estorsione ed esercizio abusivo della professione medica - Sole/Pesci; Luna quadr. Nettuno; Venere opp. Nettuno; Marte cong. Nettuno; Giove cong. Nettuno; Urano sesquiquadr. Nettuno; Nettuno cong. MC

Mistici

46. Pierre Teilhard de Chardin - mistico - Sole/Toro; Sole, Venere, Giove cong. Nettuno; 5 pianeti, tra cui il Sole, in casa XII.

47. Rudolf Steiner - mistico - Sole/Pesci; 3 pianeti in Pesci.

48. Frank Buchman - pastore luterano, fondatore del gruppo *Moral Re-armament*. Figura controversa, da alcuni considerato un mistico. Esperienza mistica. Sole/Gemelli; Venere cong. Nettuno in casa XII; 4 pianeti in casa XII.

49. Pakh Subuh - mistico islamico - Sole/Gemelli; Sole cong. Nettuno; Nettuno cong. Asc

50. Fernande Voisin -veggente; visioni della Madonna a Beauraing (Belgio); Sole/Gemelli; 4 pianeti in casa XII; Nettuno cong. Asc.

51. Lucia dos Santos - veggente; visioni della Madonna a Fatima (Portogallo); Sole/Ariete; Luna cong. Nettuno; Giove cong. Nettuno; Urano opp. Nettuno.

52. Thomas H. Burgoyne - occultista - Sole/Ariete; Luna cong. Nettuno (in Pesci); Nettuno cong. Asc

53. Paul Claudel - poeta - Sole/Leone; Sole trig. Nettuno; Venere quadr. Nettuno; Giove cong. Nettuno; Urano quadr. Nettuno; Nettuno cong. MC.

54. Tommaso Campanella - Sole/Vergine; Sole quadr. Nettuno; Venere quadr. Nettuno; Marte trig. Nettuno; Urano opp. Nettuno; Nettuno quadr. Plutone; Nettuno cong. FC.

55. Yvonne-Aimée de Malestroit - mistica - suora - stigmatizzata - Sole/Cancro; Venere semiquadr. Nettuno; Marte quadr. Nettuno; Giove opp. Nettuno; Nettuno cong. Disc.

56. Marthe Robin - mistica - stigmatizzata - si nutriva solo dell'ostia - Sole/Pesci; Sole quadr. Nettuno; Mercurio trig. Nettuno; Marte quadr. Nettuno; Urano opp. Nettuno.

57. Maria Valtorta - mistica - ode voci - Sole/Pesci; Sole quadr. Nettuno; Marte cong. Nettuno; Nettuno in casa I.

58. Abbé Pierre - fondatore comunità Emmaus - Sole/Leone; Urano opp. Nettuno; Nettuno cong. MC.

59. Giuseppe Gervasini - prete taumaturgo - Sole/Pesci; Luna cong. Nettuno; Giove trig. Nettuno; Saturno trig. Nettuno; Urano sest. Nettuno.

60. Simone Weil - filosofa, mistica - Sole/Acquario; Luna cong. Nettuno;

Pittori

61. Caspar David Friedrich - Sole/Vergine; Sole cong. Nettuno; Giove trig. Nettuno.

62. Pierre-Auguste Renoir - Sole/Pesci; 3 pianeti in Pesci; Sole trig. Nettuno. Nettuno cong. Asc

63. Antonio Ligabue - pittore - Sole/Sagittario; Sole opp. Nettuno; Marte opp. Nettuno; Saturno opp. Nettuno.

64. Henri Rousseau (Rousseau il doganiere) pittore naïf - Sole/Gemelli ; Luna sesquiquadr. Nettuno ; Marte trig. Nettuno; Nettuno cong. Asc

65. William Blake - Sole/Sagittario; Sole trig. Nettuno; Marte cong. Nettuno; Nettuno trig. Plutone.

66. Paul Delvaux - pittore surrealista - Sole/Bilancia; Luna sest. Nettuno; Mercurio quadr. Nettuno; Venere sest. Nettuno; Marte trig. Nettuno;Giove quadr. Nettuno; Nettuno in casa XII.

67. Cinzia Ruffinengo - arte psichica - Sole/Sagittario; Sole semiquadr. Nettuno; Venere quadr. Nettuno; Giove cong. Nettuno; Nettuno cong. MC

68. Salvador Dalì - Sole/Toro; Sole semiquadr. Nettuno; Luna quadr. Nettuno; Venere sest. Nettuno; Saturno sesquiquadr. Nettuno; Urano opp. Nettuno. Dominante Luna-Nettuno.

69. James Ensor - pittore simbolista - Sole/Ariete; Mercurio cong. Nettuno; Nettuno cong. Asc

70. Franco Valsecchi - si definisce "artista psichico" - Sole/Toro; Sole quadr. Nettuno; Luna cong. Nettuno; Venere trig. Nettuno; Giove quadr. Nettuno; Saturno trig. Nettuno; Nettuno quadr. Asc.

71. Dante Gabriele Rossetti - pittore simbolista - Sole/Toro; Sole trig. Nettuno; Marte cong. Nettuno; Saturno opp. Nettuno; 4 pianeti in casa XII; Nettuno cong. MC

72. Walter Crane - pittore simbolista - dipinge il famoso quadro "I cavalli di Nettuno" - Sole/Leone - Sole opp. Nettuno; Marte cong. Nettuno; Saturno cong. Nettuno.

73. Ferdinand Hodler - pittore simbolista - Sole/Pesci; Venere cong. Nettuno; Marte cong. Nettuno; Luna sest. Nettuno; Saturno sest. Nettuno. 4 pianeti in Pesci, tra cui Nettuno.

74. Antoine Wiertz - pittore simbolista - Sole/Pesci; Sole quadr. Nettuno; Venere trig. Nettuno; marte quadr. Nettuno.

75. Félicien Rops - pittore simbolista - Sole/Cancro; Luna/Pesci; Luna semiquadr. Nettuno; Mercurio opp. Nettuno; Venere trig. Nettuno; Giove quadr. Nettuno; Saturno trig. Nettuno.

76. Jean Delville - pittore simbolista - Sole/Capricorno; Luna quadr. Nettuno; Mercurio quadr. Nettuno; Venere trig. Nettuno; Giove sest. Nettuno; Urano quadr. Nettuno.

77. Fernand Khnopff - pittore simbolista - famoso quadro "La carezza della sfinge" - Sole/Vergine; Sole opp. Nettuno.

78. Jan Toorop - pittore simbolista - Sole/Sagittario; Sole quadr. Nettuno; Venere quadr. Nettuno.

79. František Kupka - pittore simbolista - Sole/Vergine; Sole opp. Nettuno; Giove quadr. Nettuno; Luna quadr. Nettuno.

80. Giovanni Segantini - pittore simbolista - Sole/Capricorno; Sole sest. Nettuno; Luna sest. Nettuno; Mercurio sest. Nettuno; Marte sesquiquadr. Nettuno; Giove semiquadr. Nettuno; Saturno trig. Nettuno; Urano sest. Nettuno; 4 pianeti in casa XII.

81. Gustave Doré - incisore - Sole/Capricorno; Sole cong. Nettuno; Mercurio cong. Nettuno; Marte semiquadr. Nettuno; Giove semisest. Nettuno; Saturno trig. Nettuno.

82. Paul Gauguin - pittore simbolista - Sole/Gemelli; Luna opp. Nettuno; Mercurio trig. Nettuno; Venere quadr. Nettuno; Nettuno cong. Disc.

83. Gustave Moreau - pittore simbolista - Sole/Ariete; Sole quadr. Nettuno.

84. Séraphine Louis - pittrice - Sole/Vergine; Luna opp. Nettuno; Mercurio opp. Nettuno.

85. Henri Matisse - pittore - Sole/Capricorno; Sole quadr. Nettuno; Mercurio quadr. Nettuno; Saturno trig. Nettuno; Urano quadr. Nettuno.

86. Michelangelo - pittore, scultore - Sole/Pesci; Sole trig. Nettuno; Marte trig. Nettuno; Saturno trig. Nettuno. Sole, Luna, Marte in Pesci. Grande trigono Sole-Saturno-Nettuno in segni d'Acqua.

87. Paul Klee - pittore - Sole/Sagittario; Sole sesquiquadr. Nettuno; Venere opp. Nettuno (esatto); Marte cong. Nettuno; Giove sest. Nettuno; Urano trig. Nettuno; Nettuno cong. Disc.

88. Paul Cézanne - pittore - Sole/Capricorno; Venere cong. Nettuno; Saturno sest. Nettuno; Nettuno cong. FC

89. Willem Maris - pittore impressionista - Sole/Acquario; Sole cong. Nettuno; Luna cong. Nettuno; Marte sest. Nettuno; Nettuno cong. MC

90. Jean-François Millet - pittore - Sole/Bilancia; Sole sest. Nettuno; Luna opp. Nettuno; Mercurio sest. Nettuno; Venere quadr. Nettuno; Nettuno cong. Disc.

91. Théodore Rousseau - pittore di transizione verso l'impressionismo - Sole/Ariete; Venere opp. Nettuno; Nettuno cong. Asc

92. Henri-Joseph Harpignies - pittore; il Michelangelo degli alberi - Sole/Leone; Luna trig. Nettuno; Mercurio trig. Nettuno; Saturno quadr. Nettuno: Urano cong. Nettuno; Nettuno cong. MC.

93. Eugène Boudin - pittore di marine - Sole/Cancro; Mercurio opp. Nettuno; Venere opp. Nettuno; 4 pianeti in casa XII.

94. Frédéric Bazille - pittore - Sole/Sagittario; Sole sest. Nettuno esatto; Nettuno cong. Disc.

95. Paul Signac - pittore - Sole/Scorpione; Sole sesquiquadr. Nettuno; Nettuno cong. Asc.

Parapsicologi

96. Jean Bruno - scrittore interessato alla parapsicologia; Sole/Cancro; Sole cong. Nettuno; 4 pianeti in casa XII, tra cui Nettuno; Marte trig. Nettuno; Saturno quadr. Nettuno; Urano opp. Nettuno; Nettuno cong. Asc.

97. Frederic William Henry Myers - sconosciuta l'ora di nascita - fonda in Inghilterra la *Society for Psychical Research*; Sole/Acquario; Sole cong. Nettuno.

98. Frank W. Hyde - parapsicologo - Sole/Pesci; Sole trig. Nettuno; Venere trig. Nettuno; Marte opp. Nettuno; Saturno quadr. Nettuno; Urano opp. Nettuno (nato lo stesso giorno del sensitivo Gerard Croiset).

99. Charles Richet - parapsicologo insigne - Sole/Vergine; Sole opp. Nettuno; 4 pianeti in casa XII.

100. Robert Amadou - occultista - parapsicologo - Sole/Acquario; Sole opp. Nettuno; Luna semiquadr. Nettuno; Venere sesquiquadr. Nettuno; Marte trig. Nettuno; Giove trig. Nettuno.

101. Ernesto Bozzano - il più grande parapsicologo italiano - Sole/Capricorno; Marte trig. Nettuno; Nettuno cong. FC. Oroscopo eccezionale. Angolarità ravvicinata di Giove, Saturno, Urano, Nettuno.

102. Hans Driesch - parapsicologo - Sole/Scorpione; forti valori Scorpione/Plutone. Nettuno ininfluente.

103. Emilio Servadio - Psicoanalista - parapsicologo - Sole/Leone; Sole semiquadr. Nettuno; Luna quadr. Nettuno; Nettuno cong. FC.

104. Brad Steiger - parapsicologo - scrittore - Sole/Acquario; Luna trig. Nettuno; Giove quadr. Nettuno; Saturno opp. Nettuno; Urano sesquiquadr. Nettuno; Asc. Pesci; Sole in casa XII.

105. Wilhelm Tenhaeff - parapsicologo insigne - Sole/Capricorno; Luna cong. Nettuno; Marte opp. Nettuno.

106. René Sudre - parapsicologo - Sole/Ariete; dominante Urano/Plutone per nascita alle ore 14:00

Medium e sensitivi

107. Christina* - channeling - Sole/Ariete; Luna cong. Nettuno; Venere quadr. Nettuno; Giove quadr. Nettuno; Nettuno cong. Asc.

108. Allan Kardec - spiritista - Sole/Bilancia; Sole semiquadr. Nettuno; Luna semiquadr. Nettuno; Venere quadr. Nettuno; Marte trig. Nettuno; Nettuno cong. Disc.

109. Albert Arrowsmith - medium spiritualista - Sole/Scorpione; Mercurio sesquiquadr. Nettuno; Venere opp. Nettuno; Marte cong. Nettuno; Nettuno cong. MC.

110. Brenda Crenshaw - medium - Sole/Pesci; Sole trig. Nettuno.

111. Gerard Croiset - sensitivo famoso per rintracciare persone scomparse - Sole/Pesci; Sole trig. Nettuno; Venere trig. Nettuno; Marte opp. Nettuno; Saturno quadr. Nettuno; Urano opp. Nettuno.

112. Paul Diebel - medium - stigmatizzato - Sole/Vergine; Sole quadr. Nettuno; Luna sest. Nettuno; Mercurio trig. Nettuno; Saturno sesquiquadr. Nettuno.

113. Dortha Waneta Fretz - medium - Sole/Cancro; Sole cong. Nettuno; Venere cong. Nettuno; Luna sesquiquadr. Nettuno; Marte trig. Nettuno; Saturno quadr. Nettuno.

114. Phyllis Givens - astrologa - riceve comunicazioni medianiche - Sole/Capricorno; Luna trig. Nettuno; Venere opp. Nettuno; Giove trig. Nettuno; Saturno trig. Nettuno; Nettuno cong. MC.

115. Erik Jan Hanussen – veggente, assassinato dai nazisti - Sole/Gemelli; Sole cong. Nettuno; Nettuno in casa XII - Nettuno cong. Asc

116. J. Z. Knight - channeling - entità atlantidea di nome Ramtha - leader New Age - Sole/Pesci; Mercurio opp. Nettuno; Venere opp. Nettuno; Urano quadr. Nettuno.

117. Eusapia Paladino - medium - Sole/Acquario; Venere cong. Nettuno; Marte opp. Nettuno; Giove sest. Nettuno.

118. Kelly Quinn - sensitiva del jet set holliwoodiano; morte prematura a 36 anni - Sole/Pesci; Sole opp. Nettuno; Luna quadr. Nettuno; Marte trig. Nettuno; Saturno trig. Nettuno; Urano trig. Nettuno; Sole in casa XII.

119. Ornella Tonon - sensitiva - pranoterapeuta - vede gli organi del corpo umano - Sole/Leone; Sole sest. Nettuno; Mercurio sest. Nettuno; Venere semiquadr. Nettuno; Marte quinconce Nettuno; Saturno cong. Nettuno; Nettuno cong. Asc

120. Gustavo Adolfo Rol – rifiuta la qualifica di medium o sensitivo. Produce un'enorme quantità di fenomeni inspiegabili, è il più grande tra gli italiani e forse del mondo - Sole/Gemelli; Sole cong. Nettuno; Marte quadr. Nettuno; Urano opp. Nettuno. Angolarità ravvicinata di Giove, Urano e Plutone.

121. Cor Heilijgers - medium - Sole/Pesci; Luna sest. Nettuno; Mercurio quadr. Nettuno; Venere opp. Nettuno; Marte quadr. Nettuno; Nettuno cong. FC.

122. Rudi Schneider - medium - Sole/Leone; Mercurio cong. Nettuno; Saturno trig. Nettuno; Urano opp. Nettuno; Nettuno cong. Disc.

123. Willi Schneider - medium - Sole/Toro; venere cong. Nettuno; Marte trig. Nettuno; Urano opp. Nettuno; Nettuno cong. FC

124. Helena Blavatsky - medium - fondatrice della Società Teosofica - Sole/Leone; Nettuno cong. Disc.

125. Edgar Cayce - famoso medium americano - diagnosi e cura malattie in stato di trance - Sole/Pesci; Luna cong. Nettuno; Marte trig. Nettuno; Giove trig. Nettuno; 4 pianeti in Pesci.

126. David Icke - channeling - massimo esponente della teoria dei complotti, secondo cui la terra è governata dai rettiliani, dagli Illuminati e varie altre società segrete - Sole/Toro; Mercurio opp. Nettuno; Venere opp. Nettuno; Nettuno cong. Asc.

Scrittori e poeti

127. Tiziano Terzani - scrittore, giornalista; Sole/Vergine; Sole cong. Nettuno; Luna trig. Nettuno;
Urano trig. Nettuno.

128. Anaïs Nin - scrittrice - Sole/Pesci; 3 pianeti in Pesci; Sole trig. Nettuno; Luna opp. Nettuno; Giove trig. Nettuno; Urano quadr. Nettuno; Nettuno cong. MC

129. Edouard Schuré - scrittore: "I grandi iniziati" - Sole/Acquario; Sole e Nettuno in casa XII; Asc. Pesci.

130. Romain Rolland - scrittore, drammaturgo, storico, critico musicale, pacifista - Sole/Acquario; Sole sest. Nettuno.

131. Robert Bly - scrittore, poeta - Sole/Capricorno; Sole trig. Nettuno; Luna cong. Nettuno; Giove opp. Nettuno; Saturno quadr. Nettuno.

132. William Wordsworth - poeta - Sole/Ariete; Nettuno cong. MC

133. Arthur Conan Doyle - scrittore - Sole/Gemelli; Sole sest. Nettuno; Luna sest. Nettuno; Giove quadr. Nettuno; 6 pianeti in casa XII, tra cui il Sole.

134. Alexandra David-Néel - viaggiatrice Tibet - esperienze straordinarie - scrittrice - Sole/Scorpione; Luna sest. Nettuno; Marte trig. Nettuno; Giove cong. Nettuno; Urano quadr. Nettuno. Nettuno cong. Disc.

135. Raymond Roussel - poeta, scrittore, drammaturgo; forte immaginazione; enigmatico; suicida - Sole/Acquario; Sole quadr. Nettuno; Nettuno cong. FC.

136. Max Elskamp - poeta simbolista cattolico - Sole/Toro; Venere cong. Nettuno; Nettuno cong. Asc

137. Adrian Roland Holst - poeta simbolista - Sole/Gemelli; Sole cong. Nettuno; Giove opp. Nettuno; Saturno sest. Nettuno; Urano sesquiquadr. Nettuno; Nettuno cong. Plutone.

138. Novalis - poeta tedesco romantico - Sole/Toro; Sole trig. Nettuno; Urano trig. Nettuno. 4 pianeti in casa XII.

139. Paul Verlaine - poeta - Sole/Ariete; Luna opp. Nettuno; Venere quadr. Nettuno; Marte quadr. Nettuno; Nettuno cong. FC.

140. Victor Stanislas (Victor Stanislas de Guaita) - poeta - esoterista - Sole/Ariete; Venere cong. Nettuno; Luna/Pesci; Nettuno cong. Asc (per nascita alle ore 5:00).

141. Maurice Maeterlinck - poeta simbolista - esoterista - Sole/Vergine; Venere trig. Nettuno; Giove opp. Nettuno; Nettuno cong. Disc.

142. Selma Lagerlöf - scrittrice - racconti per bambini; racconti fantastici - premio Nobel per la letteratura - Sole/Scorpione; Sole trig. Nettuno; Giove quadr. Nettuno; Nettuno cong. MC.

143. Giacomo Leopardi - poeta - filosofo - Sole/Cancro; Sole trig. Nettuno; Marte trig. Nettuno; Giove opp. Nettuno; Saturno trig. Nettuno; Urano sest. Nettuno; Nettuno cong. Asc.

144. Honoré de Balzac - scrittore - Sole/Toro; Mercurio opp. Nettuno; Marte trig. Nettuno; Saturno trig. Nettuno; Urano sest. Nettuno; Nettuno cong. FC.

145. Charles Baudelaire - poeta - Sole/Ariete; Mercurio quadr. Nettuno; Venere quadr. Nettuno; Marte quadr. Nettuno; Giove quadr. Nettuno; Urano cong. Nettuno.

146. Arthur Rimbaud - poeta, scrittore - Sole/Bilancia; Sole sesquidr. Nettuno; Mercurio trig. Nettuno; Saturno quadr. Nettuno; Urano sest. Nettuno.

147. Nikolaus Lenau - poeta austriaco - disturbato mentale - internato in manicomio - Sole/Leone; Sole quadr. Nettuno; Luna quadr. Nettuno.

148. Georg Trakl - poeta austriaco - Sole/Acquario; Venere quadr. Nettuno; Nettuno cong. MC

149. Victor Hugo - scrittore - Sole/Pesci; Mercurio trig. Nettuno; Giove quadr. Nettuno; 4 pianeti in Pesci; Nettuno in casa I; Nettuno/Scorpione in mutua ricezione con Plutone/Pesci.

150. Michel de Montaigne - scrittore; divaga all'infinito; una fiumana di parole - Sole/Pesci; Sole cong. Nettuno/Pesci; Venere semiquadr. Nettuno; Giove quadr. Nettuno.

151. François Chateaubriand - scrittore romantico - Sole/Vergine; Sole cong. Nettuno; Mercurio cong. Nettuno; Marte trig. Nettuno; Giove semiquadr. Nettuno; Uranto trig. Nettuno.

152. Maurice Rostand - scrittore, poeta, drammaturgo - Sole/Gemelli; Sole cong. Nettuno; Saturno quadr. Nettuno; Nettuno cong. Disc.

153. Edmond Rostand - scrittore, drammaturgo, poeta - padre di Maurice Rostand - Sole/Ariete; Sole cong. Nettuno.

154. Gérard de Nerval - scrittore, poeta, drammaturgo - Sole/Gemelli; Sole opp. Nettuno; Mercurio opp. Nettuno; Marte opp. Nettuno; Nettuno cong. Asc.

155. Marcel Proust - scrittore - "Alla ricerca del tempo perduto" - Sole/Cancro; Sole quadr. Nettuno; Mercurio quadr. Nettuno; Nettuno cong. Asc.

156. Guillaume Apollinaire - poeta, critico d'arte - Sole/Vergine; Luna cong. Nettuno; Mercurio quadr. Nettuno; Venere trig. Nettuno; Marte trig. Nettuno; Nettuno cong. MC.

157. Virginia Woolf - scrittrice, saggista - emotivamente instabile - suicida - Sole/Acquario; Mercurio quadr. Nettuno; Marte semiquadr. Nettuno; Giove cong. Nettuno; Saturno cong. Nettuno; Urano trig. Nettuno; 5 pianeti in casa XII, tra cui Nettuno.

158. Sully Prudhomme - poeta - vincitore premio Nobel - Sole/Pesci; 3 pianeti in Pesci; Venere sest. Nettuno; Giove trig. Nettuno; Saturno sest. Nettuno; Nettuno in casa I.

159. Françoise Sagan - scrittrice - Sole/Gemelli; Nettuno cong. Asc. Non è nettuniana, malgrado Nettuno all'Asc. Dominante Mercurio/Saturno.

160. Hendrik Conscience - scrittore romantico - Sole/Sagittario; Sole cong. Nettuno; Luna cong. Nettuno; Giove trig. Nettuno; Nettuno cong. Asc.

161. Oskar A. H. Schmitz - scrittore prolifico - scrive anche un importante libro di astro-psicologia - Sole/Ariete; Sole cong. Nettuno; Giove trig. Nettuno; Saturno quadr. Nettuno: Urano quadr. Nettuno; Nettuno cong. MC.

162. Ernest Renan - scrittore, storico - *La vita di Gesù* - Sole/Pesci; Sole sest. Nettuno; Saturno trig. Nettuno; 4 pianeti in Pesci.

163. Conte di Lautréamont - scrittore - *I canti di Maldoror* - Sole/Ariete; Venere cong. Nettuno; Saturno cong. Nettuno; Nettuno cong. MC.

Problemi con la giustizia

164. Adolf Eichmann - criminale nazista - Sole/Pesci; Venere quadr. Nettuno; Saturno quadr. Nettuno; Nettuno cong. MC.

165. Josef Mengele - criminale nazista - Sole/Pesci; Sole trig. Nettuno; Mercurio trig. Nettuno; Venere quadr. Nettuno; Giove trig. Nettuno; Nettuno cong. Asc

166. Claude Alain Naisse - truffatore - Sole/Bilancia; Sole cong. Nettuno; Luna quadr. Nettuno.

167. Mariano Aprile - accusato di truffa assicurativa miliardaria - Sole/Vergine; Luna cong. Nettuno; Giove cong. Nettuno.

168. Gilbert Beesemyer (o Bessemeyer) - truffatore americano - condannato a 44 anni di carcere - Sole/Acquario; Sole quadr. Nettuno; Luna sesquiquadr. Nettuno; Mercurio trig. Nettuno; Venere trig. Nettuno; Marte quadr. Nettuno.

169. Armando Verdiglione - psicoanalista, imprenditore, editore, immobiliarista - Sole/Sagittario; Sole sest. Nettuno; Marte trig. Nettuno; Saturno quadr. Nettuno; Urano trig. Nettuno; Nettuno cong. FC.

170. Leon Livingston - pervertito sessuale; assassino - condannato all'ergastolo - Sole/Toro; Sole trig. Nettuno; Mercurio trig. Nettuno; Giove trig. Nettuno; Saturno trig. Nettuno; grande trigono Mercurio-Saturno-Nettuno in segni di Fuoco.

171. Jean-Claude Romand - falso medico - bugiardo patologico - criminale omicida - condanna all'ergastolo; Sole/Acquario; Sole trig. Nettuno; Mercurio sesquiquadr. Nettuno; Venere trig. Nettuno; Urano quadr. Nettuno.

172. Luigino Negro - esercita per 10 anni la professione medica (neurochirurgo) con grande successo, ma privo di laurea; stimato da colleghi e amato dai pazienti - Sole/Bilancia; Sole cong. Nettuno; 3 pianeti in casa XII, tra cui il Sole; Nettuno cong. Asc.

173. Ferdinando Carretta - condannato per aver sterminato padre, madre e fratello, gettandone i corpi in una discarica; internato in ospedale psichiatrico giudiziario - Sole/Scorpione; Sole cong. Nettuno; Luna trig. Nettuno; Marte quadr. Nettuno; Luna/Pesci.

Diagnosi di disturbo mentale

174. Arthur Bremer - diagnosticato psicotico - attentato al governatore americano George Wallace - Sole/Leone; Luna sest. Nettuno; Nettuno cong. MC

175. Dino Campana - poeta - diagnosticato psicotico - internato in ospedale psichiatrico - Sole/Leone; Sole quadr. Nettuno; Mercurio trig. Nettuno; Venere trig. Nettuno. Probabile dominante Urano/Plutone.

176. Robert Schumann - compositore - Tenta più volte il suicidio; viene internato in manicomio - Sole/Gemelli; Sole opp. Nettuno; Luna quadr. Nettuno; Saturno cong. Nettuno; Nettuno cong. Asc (per nascita alle ore 19:48).

177. Annamaria* - mentalmente instabile; consumo smodato di medicinali - Sole/Toro; Sole quadr. Nettuno; Luna sest. Nettuno; Nettuno cong. Asc.

178. Nerina* - instabile; sessualmente promiscua - Sole/Ariete; Luna/Pesci; Nettuno cong. Asc.

179. Ida* - instabile; sessualmente promiscua - Sole/Ariete; Sole opp. Nettuno; Luna trig. Nettuno; Mercurio opp. Nettuno; Giove quadr. Nettuno; Urano quadr. Nettuno; Nettuno cong. Asc.

180. Luigi II re di Baviera (Ludwig) - sovrano - deliri allucinatori - stravaganze - muore annegato in circostanze misteriose -

Sole/Vergine: Sole opp. Nettuno; Marte cong. Nettuno; Saturno cong. Nettuno; Nettuno cong. MC.

Attori e registi

181. Robert Altman - regista - Sole/Pesci; Nettuno cong. MC

182. Bernardo Bertolucci - regista - Sole/Pesci; Sole opp. Nettuno lungo Asc./Disc.; Luna semiquadr. Nettuno; Venere opp. Nettuno; Marte trig. Nettuno; Saturno sesquiquadr. Nettuno; Urano trig. Nettuno.

183. Luis Buñuel - regista - Sole/Pesci; Sole trig. Nettuno; Marte trig. Nettuno; Nettuno cong. Asc.

184. Jacques Tati - attore, regista - Sole/Bilancia; Sole quadr. Nettuno

185. Gene Gnocchi - attore surreale - Sole/Pesci; Marte opp. Nettuno; Venere quadr. Nettuno; Urano quadr. Nettuno; Nettuno cong. FC

186. Elizabeth Taylor - attrice - Sole/Pesci; Sole opp. Nettuno; Mercurio opp. Nettuno; Marte opp. Nettuno. 3 pianeti in Pesci. Ora di nascita incerta.

187. Marilyn Monroe - attrice - sex symbol, ricettacolo mondiale di proiezioni maschili - Sole/Gemelli; Luna opp. Nettuno; Venere trig. Nettuno; Giove opp. Nettuno; Saturno quadr. Nettuno; Nettuno in casa I, probabilmente all'Asc.

188. Juliette Drouet - attrice - amante di Victor Hugo per quasi 50 anni - ebbrezza mistica della redenzione amorosa - Sole/Ariete; Marte trig. Nettuno; 3 pianeti in casa XII; Nettuno cong. Disc.

189. Giulietta Masina - attrice - Sole/Pesci; Luna trig. Nettuno; Marte quadr. Nettuno; Giove cong. Nettuno; Saturno semisest. Nettuno; 3 pianeti in casa XII.

190. Anna Magnani - attrice - Sole/Pesci; Sole trig. Nettuno; Marte sest. Nettuno; Urano opp. Nettuno; Nettuno in casa XII; Nettuno cong. Asc

191. Ève Lavallière - cantante, danzatrice della Belle Epoque - si converte al cattolicesimo, diventa terziaria francescana - si lancia alla ricerca in Africa del Padre Charles Foucald (martirizzato, santo) - Sole/Ariete; Sole cong. Nettuno; Venere cong. Nettuno.

192. Charles Dullin - attore, regista teatrale; devozione al teatro - teatro popolare - Sole/Toro; Sole cong. Nettuno; Venere cong. Nettuno; probabile Asc. Pesci.

193. Romy Schneider - attrice - emotivamente fragile - alcolizzata - vita sentimentale tormentata - cause della morte precoce non accertate - Sole/Bilancia; Sole cong. Nettuno; Luna cong. Nettuno; Mercurio cong. Nettuno; Urano trig. Nettuno.

Psicologi, psicoanalisti, psichiatri

194. Carl Gustav Jung - psichiatra, psicologo. Sole/Leone; Sole quadr. Nettuno (esperienza fuori dal corpo; cfr. *Ricordi, sogni, riflessioni*. L'immaginazione attiva. Il Libro Rosso. L'inconscio collettivo)

195. Luigi* - psicologo che ha lavorato prevalentemente con drogati - Sole/Gemelli; 6 pianeti in casa XII.

196. Franco Basaglia - psichiatra - abolizione ospedali psichiatrici. Sole/Pesci; Nettuno cong. Asc.

197. René Allendy - psicoanalista - esoterista - Sole/Pesci; Sole quadr. Nettuno, Luna sesquiquadr. Nettuno; Marte sest. Nettuno; Nettuno cong. Asc.

198. James Hillman - psicologo, psicoanalista - Sole/Ariete; Sole trig. Nettuno; Luna trig. Nettuno; Marte opp. Nettuno; Giove opp. Nettuno; Saturno quadr. Nettuno.

Astrologi

199. Marguerite Dar Boggia - Sole/Capricorno; Luna sest. Nettuno; Giove quadr. Nettuno; Saturno sest. Nettuno; Nettuno cong. MC.

200. John Addey - teoria delle armoniche - Sole/Gemelli; Giove cong. Nettuno; Nettuno cong. Asc

201. David Benge - tarologo - Sole/Vergine; Sole cong. Nettuno (in casa XII); Luna trig. Nettuno; Giove quadr. Nettuno; Saturno opp. Nettuno; Nettuno cong. Asc

202. Dane Rudhyar - Sole/Ariete; Venere semiquadr. Nettuno; Marte cong. Nettuno; Nettuno cong. Disc.

203. Giorgio* - Sole/Cancro; 4 pianeti in casa XII; Luna sest. Nettuno; Mercurio quadr. Nettuno; Nettuno cong. FC.

204. Alexandre Volguine - Sole/Pesci; Luna sest. Nettuno; Mercurio sesquiquadr. Nettuno; Venere quadr. Nettuno; Giove trig. Nettuno: Urano opp. Nettuno.

205. Lisa Morpurgo - Sole/Toro; Mercurio sest. Nettuno; Giove quadr. Nettuno; Saturno sest. Nettuno. Nettuno in casa I.

206. Armand Barbault - astrologo - alchimista - Sole/Ariete; Sole quadr. Nettuno; Luna cong. Nettuno; Marte sest. Nettuno; Saturno trig. Nettuno; Nettuno cong. Asc.

207. Jean Carteret - astrologo - tarologo - esoterista - Sole/Ariete; Sole quadr. Nettuno; Luna sest. Nettuno; Marte sest. Nettuno; Saturno trig. Nettuno; Nettuno cong. Asc.

208. Santino* - astrologo - Sole/Cancro; Mercurio quadr. Nettuno; Venere trig. Nettuno; Marte sest. Nettuno; Nettuno cong. Asc.

209. Evna Edmunson - astrologa - crocerossina - infermiera - Sole/Toro; Sole cong. Nettuno; Venere semiquadr. Nettuno; Marte quadr. Nettuno; Urano trig. Nettuno; Nettuno cong. MC.

210. Vivian Robson - astrologo - curatore della sezione Geologia e Paleontologia del British Museum - Sole/Gemelli. - Sole cong. Nettuno; Luna quadr. Nettuno; Mercurio cong. Nettuno; Marte opp. Nettuno; Giove trig. Nettuno; Nettuno cong. Asc.

Musicisti

211. Frédéric Chopin - Sole/Pesci; Sole quadr. Nettuno; Venere quadr. Nettuno; Marte trig. Nettuno; Giove sesquiquadr. Nettuno; Saturno cong. Nettuno; Nettuno cong. FC. Tre pianeti in Pesci.(per la data del 1 marzo 1810).

212. Lucia Dalla - musicista, cantante - Sole/Pesci; Venere opp. Nettuno; Marte trig. Nettuno; Saturno trig. Nettuno; Urano trig. Nettuno; 2 pianeti in casa XII, di cui il Sole.

213. Franz Schubert - compositore - Sole/Acquario; Sole quadr. Nettuno; Venere sest. Nettuno; Giove trig. Nettuno; Urano sest. Nettuno.

214. Wolfgang Amadeus Mozart - compositore - musicista - Sole/Acquario; Sole opp. Nettuno; Luna trig. Nettuno; Mercurio opp. Nettuno; Saturno opp. Nettuno.

215. Anton Bruckner - compositore - Sole/Vergine; Sole trig. Nettuno; Mercurio quadr. Nettuno; Urano cong. Nettuno.

216. Georg Friedrich Händel - compositore - musica religiosa - Sole/Pesci; Sole, Luna, Nettuno in Pesci in casa I.

217. Alexandre Georges - musicista, direttore d'orchestra, compositore - Sole/Pesci; Sole cong. Nettuno; Venere cong. Nettuno; Nettuno cong. Asc. 4 pianeti in casa XII.

218. Stevie Wonder - musicista - cantante - Sole/Toro; Luna opp. Nettuno; Venere opp. Nettuno; Nettuno cong. Asc

219. Louis Edmond Durey - compositore; politicamente impegnato "a sinistra" - Sole/Gemelli; Sole cong. Nettuno; Venere cong. Nettuno; Giove opp. Nettuno; Saturno sest. Nettuno; Urano sesquiquadr. Nettuno; Nettuno cong. MC.

220. Brian Wilson - compositore, musicista; personalità bipolare - Sole/Gemelli; Sole quadr. Nettuno; Venere trig. Nettuno; Giove quadr. Nettuno; Saturno trig. Nettuno; Urano trig. Nettuno.

Politici

221. Roberto Formigoni - politico - Sole/Ariete; Sole opp. Nettuno; Luna quadr. Nettuno; Giove semiquadr. Nettuno.

222. Léon Blum - socialista - primo ministro della III Repubblica francese - Sole/Ariete; Sole cong. Nettuno; Venere semisest. Nettuno; Marte cong. Nettuno; Giove quadr. Nettuno; Saturno quadr. Nettuno: Urano quadr. Nettuno.

223. Aristide Briand - primo ministro della III Repubblica francese - Sole/Ariete; Sole cong. Nettuno; 3 pianeti in Pesci; Luna/Pesci.

224. Franklin Delano Roosevelt - presidente americano - New Deal - Sole/Acquario; Sole quadr. Nettuno; Marte semiquadr. Nettuno; Giove cong. Nettuno; Saturno cong. Nettuno; Urano trig. Nettuno;

225. Gianni Letta - politico noto per le sua abilità diplomatiche, chiamato "il cardinale" - Sole/Ariete; Sole sesquiquadr. Nettuno; Luna trig. Nettuno; Venere opp. Nettuno; Marte sesquiquadr. Nettuno; Nettuno cong. Asc.

226. Giuseppe Civati detto Pippo - politico area "di sinistra" - Sole/Leone; Sole trig. Nettuno; Mercurio trig. Nettuno; Venere quadr. Nettuno; Nettuno cong. MC.

227. Wolfgang Schäuble - ministro - Sole/Vergine; Sole cong. Nettuno; Luna quadr. Nettuno; Marte cong. Nettuno; Urano trig. Nettuno.

228. Marco Pannella - leader politico del partito radicale noto per i digiuni - bisessuale - Sole/Toro; Mercurio quadr. Nettuno; Venere quadr. Nettuno; Asc. Pesci; Nettuno cong. Disc.

229. Maurizio Gasparri - politico, già ministro - Sole/Cancro; Sole quadr. Nettuno; Mercurio quadr. Nettuno; Venere trig. Nettuno; Urano quadr. Nettuno; Nettuno cong. FC

230. Carlo Azeglio Ciampi - politico, Presidente emerito della Repubblica - Sole/Sagittario; Sole trig. Nettuno; Luna trig. Nettuno; Marte opp. Nettuno; Nettuno cong. Asc.

231. Daniel Cohn-Bendit - politico, capo delle rivolte studentesche del 1968 - Sole/Ariete; Sole opp. Nettuno; Luna quadr. Nettuno; Urano trig. Nettuno; Nettuno cong. Asc.

232. Alberto Fujimori - politico, ex Presidente del Perù, deposto per corruzione, ora in carcere - Sole/Leone; Sole semiquadr. Nettuno; Venere cong. Nettuno; Marte semiquadr. Nettuno; Urano trig. Nettuno; Nettuno cong. Asc.

233. Aldo Moro - politico, assassinato dalle BR - Sole/Vergine; Sole sest. Nettuno; Luna cong. Nettuno; Venere cong. Nettuno; Marte quadr. Nettuno; Giova quadr. Nettuno; Saturno cong. Nettuno; Nettuno cong. MC.

Scienziati

234. Eugene Cosserat - astromono - Sole/Pesci; triplice congiunzione Sole/Venere/Mercurio in Pesci in casa XII; Luna opp. Nettuno; Marte sest. Nettuno; Urano quadr. Nettuno; Nettuno cong. Asc.

235. Pierre Jules Janssen - astromono - Sole/Pesci ; Marte quadr. Nettuno; Giove opp. Nettuno; Nettuno cong. Asc

236. Guglielmo Marconi - scienziato - Sole/Toro; Sole cong. Nettuno; Luna trig. Nettuno; Urano quadr. Nettuno.

237. Jean-François Champollion - scienziato - decifra la stele di Rosetta - Sole/Capricorno; Sole sest. Nettuno; Venere sest. Nettuno; Nettuno cong. Asc.

238. Giovanni Keplero - astronomo - Sole/Capricorno; Giove quadr. Nettuno; Nettuno quadr. Plutone. Nettuno cong. Asc

239. John Nash - matematico - economista - schizofrenico - Sole/Gemelli; Sole sest. Nettuno; Luna trig. Nettuno; Mercurio semiquadr. Nettuno; Marte trig. Nettuno: Giove trig. Nettuno.

Vari

240. Raimon Panikkar - filosofo, teologo. Sole Scorpione; Sole quadr. Nettuno.

241. Benedetto Croce - filosofo - Sole/Pesci; triplice congiunzione Sole/Venere/Mercurio in Pesci; Nettuno cong. MC

242. Lee Sannella - medico, studioso di kundalini; Sole/Gemelli; Giove quadr. Nettuno; 4 pianeti in XII, tra cui Nettuno; Nettuno cong. Asc

243. Anna Kingsford - medico, antivivisezionista - vegetariana - lotta per i diritti delle donne; Sole/Vergine; Venere opp. Nettuno; Giove trig. Nettuno; Saturno cong. Nettuno; Nettuno sest. Plutone; Nettuno cong. Asc

244. Umberto I re d'Italia - sovrano - assassinato - Sole/Pesci; 3 pianeti in Pesci; Nettuno cong. MC.

245. Steve Jobs - fondatore della Apple - Sole/Pesci; Sole trig. Nettuno; Marte opp. Nettuno; Urano quadr. Nettuno.

246. Henri Dunant - fondatore della Croce Rossa Internazionale; premio Nobel per la pace - Sole/Toro; Sole trig. Nettuno (esatto); Luna sest. Nettuno; Marte cong. Nettuno; Saturno opp. Nettuno. Dominante Giove.

247. Albert Schweitzer - filosofo, medico, musicista, missionario, scrittore - Sole/Capricorno; Sole quadr. Nettuno; Luna cong. Nettuno; Mercurio quadr. Nettuno; Venere sesquiquadr. Nettuno; Giove opp. Nettuno. Genitura dissonante.

248. Luigi Di Bella - medico - cura alternativa dei tumori - Sole/Cancro; Sole cong. Nettuno; Venere cong. Nettuno; 3 pianeti in casa XII.

249. Greet Hofmans - guaritrice - provoca scandalo alla corte d'Olanda - Sole/Cancro; Saturno trig. Nettuno; Giove cong. Nettuno; Nettuno cong. MC.

250. Emmeline Pankhurst - suffragetta - leader diritti delle donne nel Regno Unito - Sole/Cancro; Sole trig. Nettuno; Luna opp. Nettuno; Mercurio trig. Nettuno; Marte trig. Nettuno; Saturno trig. Nettuno. Grande trigono Sole-Marte-Nettuno in segni d'Acqua.

251. Emma Kunz - naturopata, artista - afferma di aver scoperto una pietra dalle virtù curative - Sole/Toro; Sole cong. Nettuno; Marte trig. Nettuno.

252. Lea Pericoli - tennista - giornalista - scrittrice - rivoluziona il modo di vestire nel tennis, ricettacolo di proiezioni maschili - Sole/Ariete; Venere sesquiquadr. Nettuno; Urano sesquiquadr. Nettuno; Nettuno cong. Asc; Nettuno in Casa XII.

253. Adriano Panatta - tennista - Sole/Cancro; Sole quadr. Nettuno; Mercurio quadr. Nettuno; Venere trig. Nettuno; Marte cong. Nettuno; Saturno semisest. Nettuno; Nettuno cong. Asc. (anche Marte è cong. Asc.)

254. Caroline Knapp - alcolizzata - Sole/Scorpione; Sole cong. Nettuno; Luna trig. Nettuno; Mercurio semisest. Nettuno; Marte cong. Nettuno; Giove semisest. Nettuno; Saturno sest. Nettuno; Nettuno cong. FC. (La sorella gemella, *Rebecca Knapp* è medico e conduce vita normale)

255. Walt Disney - inventa Topolino, ecc. - Sole/Sagittario; Nettuno cong. MC

256. Albert Hofman - chimico, scopritore della LSD - Sole/Capricorno; Venere opp. Nettuno; Marte trig. Nettuno; Saturno trig. Nettuno; Urano opp. Nettuno; Nettuno in I casa.

257. Steven Howard - suicida in preda a LSD - Sole/Ariete; Marte sesquiquadr. Nettuno; Giove trig. Nettuno; Urano trig. Nettuno; Nettuno in I casa.

258. Diane Linkletter - suicida in preda a LSD - Sole/Sorpione; Mercurio cong. Nettuno; Marte sest. Nettuno.

259. Kate Millett - leader femminista - movimento di liberazione della donna - Sole/Vergine; Sole cong. Nettuno; Venere cong. Nettuno.

*260. Joshua** - fanatico oltranzista che approda alla religione - Sole/Acquario; Luna quadr. Nettuno; Nettuno cong. FC.

261. Liane de Pougy - ballerina - cocotte d'altro bordo - termina l'esistenza da terziaria domenicana - Sole/Cancro; Luna cong. Nettuno; Venere quadr. Nettuno; Saturno trig. Nettuno; Urano quadr. Nettuno;

262. Maria Montessori - pedagogista - dedica la vita all'educazione dei bambini - Sole/Vergine; Venere trig. Nettuno; Nettuno cong. MC.

263. Alighiero Noschese - trasformista - suicida - Sole/Sagittario; Luna semiquadr. Nettuno; Marte cong. Nettuno; Nettuno cong. MC.

264. Umberto Galimberti - filosofo - psicoanalista - Sole/Toro; Sole sesquiquadr. Nettuno; Luna sest. Nettuno; Mercurio trig. Nettuno; Venere opp. Nettuno; Giove quadr. Nettuno; Saturno trig. Nettuno. Asc/Pesci.

265. Edoardo Galimberti - calciatore - Sole/Cancro; Sole cong. Nettuno; Luna trig. Nettuno; Giove trig. Nettuno; 4 o 5 pianeti in casa XII; grande trigono Luna-Giove-Nettuno in segni d'Acqua; Nettuno cong. Asc. Oroscopo fortemente nettuniano.

266. Janis Joplin - cantante - Sole/Capricorno; Sole trig. Nettuno; Luna quadr. Nettuno; Mercurio trig. Nettuno; Marte quadr. Nettuno; Saturno trig. Nettuno; Urano trig. Nettuno; 3 pianeti in casa XII.

267. Ludwig Klages - grafologo - filosofo - tendenze mistiche - Sole/Sagittario; Sole trig. Nettuno; Luna trig. Nettuno; Venere quadr. Nettuno; Saturno quadr. Nettuno.

*268. Michela** - modella - cantante - Sole/Pesci; Sole trig. Nettuno; Luna opp. Nettuno; Saturno opp. Nettuno; grande trigono Sole-Nettuno-Asc.

*269. Johannes** - giurista - Sole/Ariete; Sole trig. Nettuno; Luna sesquiquadr. Nettuno; grande trigono Sole-Nettuno-Asc. in segni di Fuoco.

270. Jean-Jacques Rousseau - filosofo - pedagogo - Sole/Cancro; Sole sest. Nettuno ; Luna cong. Nettuno.

271. Georg Friedrich Hegel - filosofo - Sole/Vergine; Sole cong. Nettuno; Mercurio cong. Nettuno; Marte quadr. Nettuno; Giove quadr. Nettuno; Urano trig. Nettuno. (Sole, Nettuno in casa XII per nascita a ore 6:24, ora speculativa)

272. David Hume - filosofo - Sole/Toro - 4 pianeti in casa XII (per ora speculativa delle 5:32).

*273. Tristan** - tipo puro – Sole/Pesci; Sole cong. Nettuno; Nettuno cong. Discendente.

*274. Cinthia**- appassionata di esoterismo - impostazione umanitaria - Sole/Scorpione - Giove cong. Nettuno - Nettuno cong. Asc.

275. Arturo Brachetti - trasformista - Sole/Bilancia; Nettuno cong. Disc.

276. Ayrton Senna - pilota formula 1 - Sole/Ariete; Luna sest. Nettuno; Mercurio trig. Nettuno; Venere trig. Nettuno; Nettuno cong. MC.

277. Rubens Barrichello - pilota formula 1 - Sole/Gemelli; Sole opp. Nettuno; Saturno opp. Nettuno; Nettuno cong. FC.

278. Claretta Petacci - amante di Mussolini - Pesci sacrificale: rifiuta di salvarsi la vita e condivide la sorte del duce - Sole/Pesci; Sole sesquidr. Nettuno; Luna cong. Nettuno; Mercurio sesquiquadr. Nettuno.

279. Barbara Hutton - ereditiera - dissipa l'enorme fortuna ereditata - sette mariti - alcool, anfetamine, tranquillanti - finisce miseramente la propria vita, bilancio fallimentare - Sole/Scorpione; Sole trig. Nettuno; Luna opp. Nettuno; Marte trig. Nettuno.

280. Violette Nozière - avvelenatrice - bugiarda, prostituta, traviata, ladra - Sole/Capricorno; Sole opp. Nettuno; Nettuno in casa I.

281. Betty Friedan - femminista, si batte per i diritti delle donne - fonda il National Organization for Women - scrive un libro di grande successo: The femminine mystique - Sole/Acquario; Sole opp. Nettuno.

282. Jacqueline Kennedy Onassis - donna di classe, ricettacolo di proiezioni, molto popolare - Sole/Leone; Luna trig. Nettuno; Saturno trig. Nettuno; grande trigono Luna-Saturno-Nettuno in segni di Fuoco; Nettuno cong. MC.

283. Ahmed Fuad (1868) - re d'Egitto - Sole/Ariete; Sole cong. Nettuno; Nettuno cong. Asc.

284. Karl Barth - teologo - Sole/Toro; Sole cong. Nettuno; Giove trig. Nettuno; Nettuno cong. Asc

285. Peter Blake - navigatore - Sole/Bilancia; Sole cong. Nettuno; Nettuno cong. Asc.

286. Joan Kennedy - alcolizzata - moglie del senatore Edward Kennedy - Sole/Vergine; Sole cong. Nettuno; Venere cong. Nettuno; Nettuno cong. Asc

287. Michel Serres - filosofo, educatore, ufficiale di marina - Sole/Vergine; Sole cong. Nettuno; Marte sest. Nettuno; Saturno trig. Nettuno; Nettuno cong. Asc

288. Cita* - attrice - conduttrice televisiva - modella - Sole/Pesci; Luna quadr. Nettuno; Mercurio sest. Nettuno; Venere trig. Nettuno; Saturno trig. Nettuno; Nettuno cong. MC.

289. Selvaggia Lucarelli - giornalista, blogger - Sole/Leone; Sole trig. Nettuno; Nettuno cong. Asc

290. Marcel Bich - «Parlare di Marcel Bich come di un imprenditore abile e fortunato sarebbe un esercizio terribilmente riduttivo. Nella sua vita di lavoro c'è qualcosa di più piccante: c'è il genio e la poesia, c'è l' ostinazione e la scaramanzia, c'è il segreto e l' astuzia, c'è soprattutto la fantasia e il gusto della nuova frontiera. Sono le componenti caratteriali di un personaggio vagamente surreale che avrebbe potuto benissimo trovare posto in un film di Frank Capra. Alla magica penna Bic, il barone Marcel è arrivato dal nulla.» (*Addio al signor Bic* - archivio storico del Corriere della Sera)

Sole/Leone; Sole cong. Nettuno; Luna quadr. Nettuno; Mercurio cong. Nettuno; Nettuno cong. MC.

291. Corrado (*Corrado Mantoni*) - presentatore televisivo molto popolare - Sole/Leone; Sole cong. Nettuno; Luna cong. Nettuno; Venere semiquadr. Nettuno; Nettuno cong. MC

292. Sidney Gottlieb - chimico - responsabile del programma spionistico "Mind Control Program" della C.I.A. americana - condusse esperimenti con droghe e LSD su cosiddetti "rifiuti della società" (prostitute, drogati, alcolizzati, disturbati mentali) a loro insaputa - Sole/Leone; Nettuno cong. MC.

293. Reza Pahlavi - Shah dell'Iran, detronizzato - Sole/Scorpione; Sole cong. Nettuno; Marte trig. Nettuno; Nettuno cong. MC. Probabile dominante Marte opp. Saturno lungo l'asse Asc./Disc.

294. Peter Ueberroth - fonda dal nulla un'agenzia di viaggi che diventa la n. 2 in America - accanito sportivo (Marte cong. Asc.) - Sole/ Vergine: Sole cong. Nettuno; Venere semiquadr. Nettuno; Marte quadr. Nettuno; Giove trig. Nettuno; Urano trig. Nettuno; Nettuno cong. MC.

295. Florence Arthaud - navigatrice, soprannominata "la fidanzatina dell'Atlantico"- Sole/Scorpione; Sole cong. Nettuno; Mercurio cong. Nettuno; Marte cong. Nettuno.

296. Erich Ludendorff - militare di altissimo grado - capo di stato maggiore dell'esercito tedesco durante la I guerra mondiale - venerato come un semidio - carattere instabile - Sole/Ariete; Luna opp. Nettuno; Nettuno cong. MC.

297. Antonello Venditti - cantante - Sole/Pesci; Luna trig. Nettuno; Mercurio trig. Nettuno; grande trigono Luna-Mercurio-Nettuno in segni d'Aria; 3 pianeti in casa XII; Nettuno cong. Disc.

298. Enzo Jannacci - musicista, cantante - Sole/Gemelli; Sole quadr. Nettuno; Luna sestile Nettuno; Venere semiquadr. Nettuno; Giove sest. Nettuno; Saturno opp. Nettuno.

OPERE CONSULTATE

ALLEGRI, Renzo, *Rol il mistero*, Musumeci, Quart, 1993.

ARROYO, Stephen, *Astrology, karma & trasformation*, CRCS, Davis, California, 1978.

BARBAULT, André, *La scienza dell'astrologia*, Nuovi Orizzonti, Milano, 1989.

BARBAULT, André, *L'univers astrologique des quatre éléments*, Éditions Traditionnelles, Paris, 1992.

BARBAULT, André, *Astres royaux*, Éditions du Rocher, Principato di Monaco, 1995.

BARBAULT, André, *Prévisions astrologiques pour le nouveau millénaire*, Dangles, Saint-Jean-de-Braie, 1998.

BARBAULT, André, *Uranus-Neptune Pluton*, Éditions Traditionnelles, Paris, 2002.

BARBAULT, André, *Poissons*, Seuil, 1958.

BARBAULT, André, CARTERET, Jean, *Analogies de la dialectique Uranus-Neptune*, Éditions Traditionnelles, Paris, 1950.

BARBAULT, André et Anne, *Astralités des femmes illustres*, Éditions du Rocher, Principato di Monaco, 1998. (Trad. it.: *Astrologia delle donne illustri*, autopubblicato presso Amazon, 2017)

BARILLA', Enzo, *Il punto dell'astrologia*, autopubblicato presso Amazon, 2014.

BEAT, Stutzer, WÄSPE, Roland (ed.), *Giovanni Segantini*, Hatje, Ostfildern, 1999.

BRUNINI, Angelo, *L'avvenire non è un mistero*, Roma, 1980 (edito in proprio).

BUBER, Martin, *I racconti dei Chassidim*, Garzanti, Milano, 1985.

CARTER, Charles E. O., *The foundations of astrology*, Theosophical Publishing House, London, 1947.

CASTILLON DU PERRON, Marguerite, *Charles de Foucauld,* Grasset, Paris, 2013.

CHUNG-YUAN, Chang, *Tao and the sympathy of all things*, in Eranos Jahrbuch, Band 24, 1955 (Swets & Zeitlinger B. V. , Lisse, 1986).

CROWLEY, Aleister, *The confessions of Aleister Crowley.*

CUCCURIN, Cesare, *Iniziazione all'astrochiromanzia*, Mediterranee, Roma, 2003.

DE BERNARDI, Italo, *Disegno storico della letteratura italiana*, Società Editrice Internazionale, Torini, 1964.

DE LUCA COMANDINI, Federico, *Saper stare sulla soglia,* Babele n. 10 (giugno 2011).

DETTORE, Ugo, *L'altro regno,* Bompiani, Milano, 1973.

DISCEPOLO, Ciro, *Nuova guida all'astrologia*, Armenia, Milano, 1998.

DIZIONARIO ENCICLOPEDICO UNIVERSALE DELLA MUSICI E DEI MUSICISTI, Vol. IV, Utet, Torino, 1984.

ENCICLOPEDIA FILOSOFICA, Sansoni, Firenze, 1967.

ENCICLOPEDIA TRECCANI online.

ENCICLOPEDIA L'UNIVERSALE, Milano, 2003.

ENCYCLOPAEDIA BRITANNICA online.

ENGELHARDT, Rudolf, *Das Wissen von der Hand*, Hugendubel, München, 1987.

FAIVRE, Antoine, *L'esoterismo*, Sugarco, Milano, 1992.

FIABE POPOLARI SVEDESI, Bur, Milano, 2005.

FIABE ITALIANE RACCOLTE TRASCRITTE DA ITALO CALVINO, Vol. III, Einaudi, Torino, 1956.

FIEMEYER, Isabelle, *Coco Chanel*, Castelvecchi, Roma, 2008.

FRANZ (Von), Marie-Louise, *Tipologia psicologica,* Tea, Milano, 1996.

FRANZ (Von), Marie-Louise, *Il mondo dei sogni,* Red, Como, 1990.

FRANZ (Von), Marie-Louise, *Le Fiabe del lieto fine,* Red, Como, 1990.

FRANZ (Von), Marie-Louise, *L'individuazione nella fiaba,* Boringhieri, Torino, 1987.

GIBSON, Michael, *The symbolists*, Harry N. Abrams, New York, 1988.

GREENE, Liz, *The astrological Neptune and the quest for redemption*, Weiser, York Beach, Maine, 1996.

GRIMM, Jacob e Wilhelm, *Fiabe*, Einaudi, Torino, 1951.

HAND, Robert, *Horoscope symbols*, Whitford Press, West Chester, Pennsylvania, 1981.

JUNG, Carl Gustav, *Psicologia e patologia dei cosiddetti fenomeni occulti*, Opere, Vol. I, Boringhieri, Torino, 1978.

JUNG, Carl Gustav, *Simboli della trasformazione*, Opere, Vol. V, Boringhieri, Torino, 1970.

JUNG, Carl Gustav, *Tipi psicologici,* Opere, Vol. VI, Boringhieri, Torino, 1981.

JUNG, Carl Gustav, *I fondamenti psicologici della credenza negli spiriti,* Opere, Vol. VIII, Boringhieri, Torino, 1976.

JUNG, Carl Gustav, *Gli archetipi dell'inconscio collettivo*, Opere, Vol. IX/1, Boringhieri, Torino, 1980.

JUNG, Carl Gustav, *Empiria del processo d'individuazione*, Opere, Vol. IX/1, Boringhieri, Torino, 1980.

JUNG, Carl Gustav, *Psicologia e poesia*, Opere, Vol. X/1, Boringhieri, Torino, 1985.

JUNG, Carl Gustav, *Wotan*, Opere, Vol. X/1, Boringhieri, Torino, 1985.

JUNG, Carl Gustav, *Presente e futuro*, Opere, Vol. X/2, Boringhieri, Torino, 1986.

JUNG, Carl Gustav, *Dopo la catastrofe*, Opere, Vol. X/2, Boringhieri, Torino, 1986.

JUNG, Carl Gustav, *Commento al "Segreto del fiore d'oro"*, Opere, Vol. XIII, Boringhieri, Torino, 1988.

JUNG, Carl Gustav, *Mysterium Coniunctionis*, Opere, Vol. XIV/2, Boringhieri, Torino, 1990.

JUNG, Carl Gustav, *Prefazione a O. Schmitz, "La fiaba della lontra"*, Opere, Vol. XVIII, Boringhieri, Torino, 1993.

JUNG, Carl Gustav, *Prefazione a J. Spier, "Le mani dei bambini"*, Opere, Vol. XVIII, Boringhieri, Torino, 1993.

JUNG, Carl Gustav, *Psicologia e alchimia*, Boringhieri, Torino, 1981.

JUNG, Carl Gustav, *Ricordi, sogni, riflessioni*, Rizzoli, Milano, 1978.

JUNG, Carl Gustav, *C. G. Jung speaking*, Princeton University Press, Princeton, NJ, 1977.

KERNEÏZ, Constant, *Il vero volto dell'astrologia*, Casini, Roma, 1956.

KONSTANTINOV, Methodi, *L'astrosociologie mondiale*, Omnium littéraire, Paris, 1972.

KÜHR, Erich Carl, *Psychologische Horokopdeutung,* Band I, Cerny, Wien, 1948.

LASSON, Léon, *Ceux qui nous guident*, René Debresse, Paris, 1946.

LE SENNE, René, *Traité de caractérologie*, Presses universitaires de France, Paris, 1948.

LOMBROSO, Cesare, *Genio e pazzia nell'opera di Wiertz*, Emporium n. 25 (gennaio 1897).

MAITAN, Maria, *Fatevi il vostro oroscopo*, Feltrinelli, Milano, 1972.

MORETTI, Girolamo, *I grandi dalla scrittura*, Messaggero di Sant'Antonio, Padova, 2009.

MORETTI, Girolamo, *I santi dalla loro scrittura*, Edizioni Paoline, Roma, 1975.

MORPURGO, Lisa, *Introduzione all'astrologia*, Longanesi, Milano, 1972.

NEUMANN, Erich, *Die Erfahrung der Einheitswirklichkeit and die Sympathie der Dinge*, in Eranos Jahrbuch, Band 24, 1955 (Swets & Zeitlinger B. V. , Lisse, 1986).

NEUMANN, Erich, *Storia delle origini della coscienza*, Astrolabio, Roma, 1978.

NEUMANN, Erich, *Psicologia del profondo e nuova etica*, Moretti & Vitali, Bergamo, 2005.

NEUMANN, Erich, *L'uomo creativo e la trasformazione*, Marsilio, Venezia, 1975.

PÂQUE, Boris, *Traité d'astrologie médicale*, Éditions Flandre-Artois, Tourcoing, 1979.

PATERLINI, Ivan, RIBOLA, Daniele, *Tipologia e cinema*, Persiani, Bologna, 2015.

RIEMANN, Fritz, *Lebenshilfe Astrologie*, Pfeiffer, München, 1976.

QUAGLIARELLA, Paolo, *La storia di C. G. Jung*, Tesi di laurea inedita, anno accademico 1998-1999, Università degli Studi di Bari.

QUINZIO, Sergio, *Che cosa ha veramente detto Teilhard de Chardin*, Astrolabio, Roma, 1967.

SCHMITZ, Oscar, A. H., *Der Geist der Astrologie*, Georg Müller, München, 1922.

SHAWN, Ted, *Ruth St. Denis: pioneer and prophet*, Vol. I, John Henry Nash, San Francisco, 1920.

SICUTERI, Roberto, *Astrologia e mito*, Astrolabio, Roma, 1978.

SEMENTOVSKY-KURILO, Nicola, *Astrologia. Trattato completo teorico-pratico*, Hoepli, Milano, 1955.

SPOTO, Angelo, *Jung's typology in perspective,* Sigo Press, Boston, 1989.

STRAUSS, Heinz Artur, *Psychologie und astrologische Symbolik*, Rascher, Zürich, 1953.

STUTZER, Beat, WÄSPE, Roland, (ed.) *Giovanni Segantini*, Hatje, Ostfildern, 1999.

TOLOMEO, Claudio, *Tetrabiblos*, Arktos, Carmagnola, 1979.

WESTERN CIVILIZATION (William L. Langer, ed.), American Heritage Publishing, New York, 1968.

WALDNER, Francesco, *Astrologia*, Elmo, Milano, s.d.

WIRTH, Oswald, *Le symbolisme astrologique*, Dervy-Livres, Paris, 1973.

WOLF, Linda, *Astrologia. Come costruire e interpretare l'oroscopo*, Sonzogno, Milano, 1985

YOGANANDA, Paramahansa, *Autobiografia di uno Yoghi*, Astrolabio, Roma, 1971.

INDICE

DELLO STESSO AUTORE

Il punto dell'astrologia, autopubblicato presso Amazon, 2014

Astri e destino, autopubblicato presso Amazon, 2015

Incursione nei regni inferi. Analisi astropsicologica di Plutone, autopubblicato presso Amazon, 2015

Eros e Thanatos nel giardino dell'astrologia, autopubblicato presso Amazon, 2016

Tipologia psicologica e tipologia astrologica, autopubblicato presso Amazon, 2017

Pratica degli aspetti astrologici, autopubblicato presso Amazon, 2017

I pittori naïf nella cornice astrologica, autopubblicato presso Amazon, 2017

Quando il destino chiama. Cronache dal futuro, autopubblicato presso Amazon, 2018

La magia di Nettuno nell'arte simbolista, autopubblicato presso Amazon, 2019.

www.ingramcontent.com/pod-product-compliance
Lightning Source LLC
Chambersburg PA
CBHW060519290526
45791CB00001B/452